O milagre
do agora

TONI PACKER

O milagre do agora

Tradução
Elena Gaidano

Revisão técnica
Bruno Pacheco

CIP-BRASIL. CATALOGAÇÃO-NA-FONTE
SINDICATO NACIONAL DOS EDITORES DE LIVROS, RJ.

P129t   Packer, Toni, 1927-
         O milagre do agora / Toni Packer; tradução: Elena
         Gaidano. – Rio de Janeiro: Nova Era, 2011.

         Tradução de: The work of this moment
         ISBN 978-85-7701-286-2

         1. Vida espiritual. 2. Vida espiritual. 3. Motivação
         (Psicologia). I. Título.

11-1022   CDD: 294.3927
                                           CDU: 244.82

Título original norte-americano
THE WORK OF THIS MOMENT
Copyright da tradução © 2008 by EDITORA BEST SELLER LTDA
Copyright © 1990 by Toni Packer

Publicado mediante acordo com Shambhala Publications, Inc.
300 Massachussetts Ave., Boston, MA 02115, USA

Revisão Técnica: Bruno Pacheco
Capa: Estúdio Insólito

Todos os direitos reservados. Proibida a reprodução,
no todo ou em parte, sem autorização prévia por escrito da editora,
sejam quais forem os meios empregados, com excessão das resenhas literárias.
que podem reproduzir passagens do livro, desde que citada a fonte.

Direitos exclusivos de publicação em língua portuguesa
para o Brasil adquiridos pela
EDITORA NOVA ERA um selo da EDITORA BEST SELLER LTDA.
Rua Argentina, 171, parte, São Cristóvão
Rio de Janeiro, RJ – 20921-380

Impresso no Brasil

ISBN 978-85-7701-286-2

Seja um leitor preferencial Record.
Cadastre-se e receba informações sobre nossos lançamentos e nossas promoções.

Atendimento e venda direta ao leitor:
mdireto@record.com.br ou (21) 2585-2002

O emergir e o florescer da compreensão, do amor e da inteligência não se relacionam a nenhuma tradição, independentemente de quão antiga ou magnífica – não têm nada a ver com o tempo. Acontecem por si só quando um ser humano questiona, reflete, indaga, escuta e vê silenciosamente sem se fixar no medo, prazer e dor. Quando a preocupação por si mesmo se aquieta, ficando suspensa, o céu e a terra estão abertos. O mistério, a essência de toda vida, não está separado da abertura silenciosa proporcionada pela simples escuta.

TONI PACKER

Sumário

Agradecimentos 9
Introdução por Lenore Friedman 11
Ao leitor 39
Escutar e ver 41
Questionar 53
Consciência livre do contexto 83
Apego a grupos 87
Tradição e desligamento 93
Sementes de divisão 97
Mágoa e defesa 103
Liberdade de imagens 111
Forma e ausência de forma 121
Sentar-se quieto, fazendo nada 127
Silêncio 135
Autoridade 139
Esforço 143
Estabelecer resoluções 147

Pensamento e consciência 151
Comunidade de paz 157
Raiva 159
Sofrimento 163
Confiança 167
Aborto 173
Medo da morte 179
Vivendo juntos 185

Agradecimentos

Agradeço de coração a todos que colaboraram com este livro: a Lenore Friedman por escrever a introdução; a todos os amigos que nos deixaram usar suas cartas; a Peter Turner, da Shambhala Publications, por seu cuidado e pela sua compreensão ao ler, organizar e editar; aos antigos e atuais membros da equipe do Springwater Center, cuja ajuda no trabalho anterior de publicação independente contribuiu muito para o presente volume, em particular a Betsy MacLean, por seu trabalho na produção, a Kevin Frank, por coordenar suas primeiras etapas, a Sally Fox, Stewart Glick, Deborah Kirsten-Hass, Susan McCallum e Doris Weber, por transcrever, digitar e revisar, para Sally Woodmansee e Matt Haas, por suas inúmeras sugestões valiosas; a meu marido, Kyle, por estar aí para tudo que fosse necessário; e a todos que estão interessados em questionar e escutar a incomensurabilidade do momento presente.

Introdução por LENORE FRIEDMAN

Não é uma questão simples falar sobre Toni Packer. Não se trata de dizer simplesmente "ela é isto", "aquilo", "*não* é isto", "*não* é aquilo". (Imagino-a sentada logo atrás de mim, olhando sobre o meu ombro esquerdo, sorrindo, os olhos erguidos questionando, de forma engraçada, tudo que eu diga.) Quando eu a conheci, em 1983, ela era uma professora zen, embora não se considerasse mais budista. Hoje, ela não é uma professora zen. (Ou será que *é*? Algumas pessoas acham que ela ensina a essência zen.) Na realidade, ela afirma não ser absolutamente professora. (Então, o que é que ela *está* fazendo? E por que há todas essas pessoas sentadas escutando o que ela diz?) Às vezes, ela chama a si mesma e a "essas pessoas" de coquestionadores, ou amigos, que estão indagando a natureza das coisas juntos. "Vamos olhar isso juntos", ela costuma dizer, ou: "Vamos começar desde o início juntos e ver aonde chegamos."

No ano antes de conhecê-la, ouvi certo número de gravações de suas falas. De vez em quando, eu ouvia repentinamente o som de "Mu ... u ... u ... u!" ecoando de algum lugar no fundo. Tendo estudado [a filosofia] zen por alguns anos, eu sabia que "Mu" era um dos primeiros *koans* (parábolas que desafiam o pensamento racional) passados aos alunos tradicionais de zen, que são orientados a trabalhar neles incessantemente. Entretanto, eu nunca ouvira dizer que se trabalhasse neles oralmente, em voz alta, pontuando abruptamente a fala de um professor. Aparentemente, esse era um hábito que alguns dos alunos de Toni traziam diretamente consigo de seu treinamento no Rochester Zen Center. Tratava-se de um resíduo, que se extinguiu bem rapidamente desde então; com Toni, eles deixaram para trás a maior parte das características tradicionais da prática zen (fazer reverências, entoar cantos, incenso, estruturas hierárquicas). Toni achava que essas práticas interferiam na própria coisa que mais a interessava: a consciência – o processo fundamental de ver, escutar, indagar *tudo*.

No outono de 1983, entrevistei Toni (para o meu livro *Meetings with Remarkable Women** [Encontros com mulheres notáveis]) no Genesee Valley Zen Center, em Rochester, Nova York, que ela e alguns de seus alunos fundaram no início de 1982. Na época de minha visita, a atmosfera era relativamente pacífica, mas dois anos antes o centro fora o foco de uma série de acontecimentos que dividiram a comunidade zen-budista de Rochester. As tempestades e os abalos produzidos então ainda eram absorvidos, não somente em Rochester, mas nas comunidades budistas de todo o país.

Resumindo o acontecimento, Toni Packer, então escolhida como sucessora de Philip Kapleau (venerável *roshi*** do

---

* FRIEDMAN, Lenore. *Meetings with Remarkable Women*. Boston: Shambhala Publications, 1987. (*N. do R. T.*)
** *Roshi*: título honorífico dado em mosteiros zen a um professor de alto nível que leciona a outros monges. (*N. do R. T.*)

Rochester Zen Center), depois de um autoquestionamento doloroso e paciente, rompeu seus vínculos com o budismo tradicional e começou a ensinar o que ela então chamava de "trabalho zen", de uma maneira nova e jamais vista. Desde então, outros eventos drásticos ocorreram em outras comunidades zen em nosso país. Mas esse foi, talvez, o mais seminal, o mais profético. Sem implicar uma simples relação de causa e efeito, pode-se perceber uma conexão entre o ocorrido em Rochester e o fato de que a questão radical sobre como o zen deveria ser e parecer hoje nos EUA seja formulada abertamente e em voz alta em outros centros em todo o país.

Na época de minha visita, soube superficialmente dos acontecimentos em Rochester e, depois de ouvir a poderosa e vibrante voz de Toni nas gravações, formei a impressão de uma mente brilhante e uma personalidade imponente. Aguardava a oportunidade de me encontrar com ela ansiosamente e não sem um certo temor.

Na noite em que cheguei ao GVZC, já estava escuro, e o chão e as cercas vivas estavam molhados pela chuva recente. Não se viam luzes pelas janelas da grande casa de pedra e ninguém atendeu a minha batida após arrastar minha mala escada acima, até a porta da frente. Então, vi uma mensagem que me orientava para a porta lateral. Na metade do caminho, vi duas pessoas vindo em minha direção. A mais alta, um homem jovem, apresentou-se. "E esta é Toni", ele disse. Automaticamente, respondi, "Oi Toni", e, então, paralisei. "Você quer dizer *Toni*-Toni?"

Todos nós rimos. Eu fora pega de surpresa porque a Toni da voz poderosa era apenas uma pessoa: com um gorro de malha e um casaco surrado, o rosto vermelho por estar ao ar livre, um sorriso que me dava as boas-vindas, olhos azuis e muito vivazes, cabelo branco curto que mal aparecia por baixo do gorro.

Apenas uma pessoa. Reconheci a voz, mas a gentileza nela agora me comovia. Eu estava cansada e com dor de cabeça. Sentamo-nos na cozinha, numa longa mesa de madeira no centro do aposento quente e espaçoso, e logo alguém foi preparar o chá.

Conforme meu corpo foi relaxando, conscientizei-me da presença de Toni do outro lado da mesa. Ela estava sentada ali, muito tranquila, de maneira muito simples. Não havia necessidade de palavras. Apenas quietude e uma presença não intrusiva. Durante os dias seguintes, e nos encontros subsequentes em outros lugares, descobri que Toni carrega essas qualidades consigo para qualquer local ou situação.

No dia seguinte, Toni e eu sentamo-nos em sua sala luminosa e agradável do primeiro andar para nossa primeira conversa demorada. Fiquei sabendo que ela nascera em Berlim em 1927, tendo sua infância obscurecida pelos horrores de Hitler e do nazismo. Tinha apenas seis anos de idade quando Hitler tomou o poder. Como sua mãe era judia, reinava um medo considerável na família, e para proteger as crianças, Toni, sua irmã mais velha e seu meio-irmão foram batizados. Ela recorda-se do ministro luterano que foi à sua casa e os aspergiu com água. Ela também lembra do verdadeiro fervor religioso que surgiu depois, uma ânsia por alguma coisa além de si mesma. Estava obcecada por perguntas sobre a guerra e a perseguição aos judeus. Seus pais eram muito cuidadosos, com medo de falar livremente em frente às crianças, por temor que elas pudessem repetir em público alguma coisa que poderia colocá-los em perigo. Os amigos e colegas da escola vestiam o uniforme do movimento da juventude. Toni invejava-os, sentiria-se mais segura usando a gravata e o nó de couro, embora não tivesse clareza sobre o significado de tudo aquilo. Então, vieram os bombardeios, o pesadelo de terror e destruição. Toni perguntava-se como isso seria compatível com a noção de um Deus amoroso que cuidava de seus filhos e os protegia. Não fazia sentido algum para ela.

Ela também ficava perturbada por uma sensação de culpa que nunca a deixava. Se Jesus morrera na cruz para tomar para si os pecados do mundo, então, por que ela ainda se sentia culpada? Por que ele não tirara sua culpa? Um dia, tomando coragem, perguntou ao pastor sobre essas coisas. Ele, porém, esquivou-se com uma breve observação. Não queria lidar com as perguntas de Toni de jeito nenhum.

Outra coisa de que ela se lembra é do primeiro bombardeio. Ela e sua irmã estavam de cama, com diarreia. Mas quando o ataque começou elas pularam da cama, adeus diarreia, adeus fraqueza. "Havia uma energia tremenda e ação direta. Você simplesmente sabia o que era preciso fazer." Elas ajudaram a extinguir os incêndios. Porém, mais tarde, quando tudo passou, os pensamentos voltaram. "Oh, meu Deus, o que aconteceu? O que poderia ter acontecido?" Foi acometida por uma tremenda depressão e, então, surgiu a pergunta, muito poderosa: "Qual é o sentido desta vida?" Pegou-a de jeito, não dava trégua. Estava com ela diariamente – importunando-a, aguilhoando-a. Qual era o sentido dessa vida tão completamente absurda, incompreensível, cruel? Onde ela poderia descobrir por que fazemos as coisas que fazemos?

Mais tarde a família mudou-se para a Suíça, e foi ali que Toni conheceu um jovem estudante americano chamado

Kyle Packer. Casaram-se em 1950, foram para os Estados Unidos no ano seguinte e fixaram-se no interior do estado de Nova York, onde Kyle encorajou Toni a fazer faculdade, na Universidade de Buffalo. Em 1958, adotaram um bebê de uma semana de idade, que chamaram de Ralph. Muito embora Toni trabalhasse como graduada em psicologia, achava o programa altamente behaviorista, muito focado em testes, em teorias da aprendizagem e na experimentação com ratos. Os interesses de Toni eram outros, e ela não demorou a ir embora. Leu Freud, Jung e Joseph Campbell por conta própria, especialmente os quatro volumes de *As máscaras de Deus*, de Campbell.

"Acho que, com esses livros, fiz as pazes com todo o problema do feminino – parcialmente ao perceber que é também uma coisa cultural, e que houve épocas em que as deusas do sexo feminino reinavam absolutas. Isso foi antes que os guerreiros e os condutores de bigas e cavaleiros viessem e conquistassem com poder superior e impusessem um sistema religioso mais masculino e muito frequentemente repressivo. Todo esse problema deixou de me atormentar. Vi que era algo relativo e condicionado, quem estava no poder e quem oprimia quem. Havia rivalidade dos dois lados e medo uns dos outros. O medo masculino do feminino e o medo das mulheres de serem oprimidas pelo homem. Porém, isso podia mudar a qualquer momento."

Foi durante esse período que ela encontrou o budismo. E, exatamente como fora meu caso e o de muitos outros de nossa geração, foi por intermédio do trabalho de Alan Watts. Ela leu todos os seus livros, e então os de D. T. Suzuki e outros. No momento em que ela estava saturada com a filosofia budista, Kyle levou para casa *Os três pilares do Zen*, de Philip

Kapleau. Ela lembra-se de folheá-lo sem vontade, como alguém a quem se apresenta uma porção extra de sobremesa depois de uma refeição abundante demais. Ela checou indolentemente por referências a Alan Watts, achou-as todas bastante críticas, e, então, percebeu as primeiras instruções sobre meditação que ela tinha visto. Aprumou-se. Isso era algo que ela realmente poderia *fazer*.

Não demorou para que ela se sentasse regularmente em casa, meditando. Então, cerca de seis meses depois, o livro de Kapleau saiu em edição de bolso e, na quarta capa, Toni leu que ele fundara um centro em Rochester, Nova York. Isso foi em 1967, quando ela e sua família viviam em North Tonawanda, uma pequena cidade entre Buffalo e as cataratas do Niágara. Rochester ficava a apenas uma hora e meia de distância. Ela e Kyle foram para lá de carro, assistiram a uma série de aulas introdutórias e entraram para o centro.

Toni recorda-se vivamente de sua primeira impressão. Quando era criança, acostumara-se a visitar catedrais alemãs sempre que a família fazia excursões. Pareciam misteriosas e imponentes, com o cheiro do incenso e áreas isoladas com cordões onde ninguém podia entrar. O que haveria atrás do cordão de veludo vermelho? Em Rochester, depois de uma palestra introdutória na sala de jantar, todos foram convidados para a sala de estar. Ali, com certeza, havia incenso e uma imagem de Buda – mas nada de isolamento por cordões. Era permitido ficar ali bem juntinho a tudo. Podia-se ter um altar em sua própria casa, com sua própria imagem de Buda. E ele não era um deus, mas alguém como qualquer um, e havia uma prática e uma disciplina abertas a todos, sem distinção. Nenhum limite.

Logo Toni estava frequentando *sesshins* (retiros de meditação) e trabalhando em *koans** com Kapleau-*roshi*. A relação entre eles evoluiu para respeito mútuo e afeição. Num *dokusan* (encontro particular entre professor e aluno) muito precoce, ele contou-lhe que, se ela um dia fosse lecionar, não teria de ser da mesma maneira dele. Ela ficou espantada com isso. Naquela época, a ideia de ensinar estava muito distante de sua mente, mas ela lembrou-se do que dissera. Anos mais tarde, as palavras dele assumiram um significado maior, e ele nunca as desmentiu, embora as consequências lhe causassem sofrimento. A situação era especialmente pungente porque, não muito tempo antes de ele pronunciar essas palavras para Toni, Kapleau-*roshi* rompera com seu próprio reverenciado mestre japonês, Yasutani-*roshi*. Yasutani opusera-se, definitivamente, às mudanças que Kapleau considerava necessárias para transplantar o zen para aquele novo país.

Para Toni, encontrar a prática do zen foi como encontrar alimento pelo qual ansiara sem se dar conta realmente disso. Ela mergulhou de corpo e alma. Trabalhou duro, com intensidade e vigor, encontrando energia para investir. Sua inteligência era desafiada como nunca antes. Suas perguntas mais profundas eram retidas e analisadas detalhadamente até que restasse apenas o questionamento. Durante um longo tempo as formas não a oprimiram. Forneciam-lhe uma estrutura dentro da qual ela podia trabalhar.

Entretanto, ela achava a maior parte das escrituras budistas demasiadamente elaboradas, secas, inacessíveis. Poderia experimentar por si mesma aquilo sobre o que estavam

---

* *Koan*: prática zen em que o professor expõe problemas aparentemente absurdos para testar o aluno. (*N. do R. T.*)

falando? Essa era a única coisa que fazia sentido para ela. Finalmente, num livro de W. Y. Evans-Wentz chamado *Tibetan Yoga and Secret Doctrines* [Ioga tibetana e doutrinas secretas], ela encontrou algumas passagens que a tocaram diretamente. Diziam respeito a um número de práticas relativas a pensamentos durante a meditação, tais como: cortá-los, seguir um pensamento até o fim ou deixar os pensamentos vagar livremente. Então, o praticante é comparado a alguém sentado na margem de uma torrente, deixando simplesmente os pensamentos passar. Mas, mesmo aqui, os processos do pensamento ainda são empregados; ainda se está pensando. O pensamento ainda é usado para detectar o pensamento. Perceber isto é o primeiro passo.

– Não poderia dizer-lhe quantas vezes eu li isso – contou-me Toni –, e quanta alegria há em compreender algo – não verbalmente, mas nas palavras levando você a compreender algo diretamente. Ser capaz de ver diretamente como esta mente funciona. De tal maneira que não se caia em sua armadilha, não engane a si mesmo e não engane os outros. O que acontece com muita facilidade. Sem atenção ou consciência, é isso que acontece!

No início da década de 1970, pediram-lhe para atender alunos com problemas pessoais ou problemas psicológicos surgidos na prática, e, então, para dar palestras públicas sobre o zen em universidades e outros lugares. A cada etapa do caminho, ela sentia-se empurrada um pouco para além de sua capacidade. Por ser uma pessoa mais reservada do que pública, ela não procuraria essas atividades. Contudo, parte de seu treinamento consistira no fato de que, quando seu professor pedia-lhe para fazer alguma coisa, tinha de dizer sim. Então, quando Roshi pedia, ela o atendia.

Ao mesmo tempo, suas perspectivas começaram a ficar mais amplas. Por meio de seus contatos fora do centro, de novos e antigos alunos cujas preocupações ela ouvia, ela já não estava concentrando-se apenas em seu próprio trabalho. Começou a perceber algumas das formas tradicionais de um novo jeito. A reverência, por exemplo.

Ela aprendeu que a reverência pode originar-se de um lugar de abnegação. Prostrar-se diante do altar ou diante do Roshi no *dokusan* podia acontecer por se estar vazio. Mas agora, quando os alunos a procuravam e faziam reverência para ela, viam-na claramente ou colocavam-na acima de si como uma imagem? E ela poderia ter a certeza de que não se sentia enaltecida dessa forma? Quais imagens eram criadas em ambas as mentes? Muito embora ela estivesse alerta com – consciente de – essas coisas, os alunos podiam não estar.

E o que dizer da entoação de cantos? Havia muitos cantos, e eles eram longos e, frequentemente, repetidos rapidamente várias vezes seguidas. Qual era o propósito? Se o significado era importante, pronunciar as palavras mais lentamente não evitaria a cilada de falá-las mecanicamente, sem pensar?

Toni também questionava seriamente o uso severo, e com frequência impiedoso, do *kyosaku* (a vara de bater), com o qual os alunos em meditação recebem uma pancada nos ombros para despertar suas energias. Ela preocupava-se profundamente com os efeitos das pancadas sobre a mente e o corpo das pessoas que as recebiam. Do mesmo modo, o que acontecia com aqueles que manejavam a vara? As pessoas referiam-se ao uso da vara de forma reverencial, como um ato de compaixão. Mas será que manejar a vara realmente provinha de compaixão? E a energia não despertava naturalmente durante o curso do questionamento? (Mais tarde, em seu novo centro, a prática do uso da vara seria abandonada completamente.)

A mente de Toni permitia que questões desse tipo surgissem e fossem consideradas. Ela não precisava reagir ou agir de qualquer maneira. Ela prestava atenção. Considerava. Tomava seu tempo. Ela não podia executar práticas que sentia estarem erradas. Consultou alguns amigos. E, gradualmente, começou a fazer uma pequena mudança formal aqui e ali.

Isso aconteceu num período em que ela e Roshi ensinavam em dupla. Ele costumava ausentar-se por meses seguidos, tirando férias e viajando para outros centros neste país e no exterior, e pedia a Toni para assumir seu posto durante sua ausência. Já em 1975, ele chamara Toni em seu gabinete e disse-lhe que pensava em se aposentar, possivelmente dentro de cinco anos. Ele, provavelmente, se mudaria para um clima mais quente, juntamente com um pequeno grupo de discípulos. E queria que ela assumisse o centro de Rochester integralmente quando isso acontecesse. Estaria ela disposta a isso?

Toni sentiu-se atingida por um raio. Recorda-se de voltar para casa de carro, desanimada, para contar para Kyle. Muito embora isso não fosse acontecer por vários anos, a perspectiva oprimia-a pesadamente, como uma pedra. Ela não sabia como assumir uma responsabilidade dessas. Ela não poderia continuar a fazer as coisas da maneira como eram feitas; a essa altura, ela sabia disso perfeitamente. Mas seria capaz de fazê-las de modo diferente?

Mesmo assim, disse sim para Roshi. Seu treinamento não lhe deixava alternativas.

Em algum momento em meados da década de 1970 ela deparou com os ensinamentos de Krishnamurti pela primeira vez num livro que o próprio Roshi lhe emprestara (*As novas religiões*, de Jacob Needleman). O efeito foi catalítico. Toni diz que "véus começaram a cair dos meus olhos". Todos os seus questionamentos eram levados mais adiante. Nas palavras de Krishnamurti havia a clara e simples expressão da verdade, sem o uso de quaisquer armadilhas religiosas. Tornou-se irrefutavelmente claro para ela que, enquanto a tradição zen alegava a ausência de símbolos, dogmas, rituais e doutrinas, ao mesmo tempo um complexo sistema de cerimônias, etiqueta, crenças, transmissão de ensinamentos e atividades devocionais transformara-se num aspecto importante, frequentemente compulsório e surpreendentemente não questionado do treinamento de fato.

Agora, enquanto lia cuidadosamente todos os livros de Krishnamurti que conseguia arranjar, uma maneira radicalmente nova de trabalhar abria-se diante dela. Junto a Kyle, também assistiu a muitas de suas palestras na Califórnia, Suíça e Inglaterra. E no decurso de vários anos desenvolveu-se gradualmente para ela uma maneira de combinar o estar sentado tranquilamente com um questionamento direto e intenso, uma maneira de observar os problemas humanos fundamentais dentro de si mesma, no contexto de retiros silenciosos, palestras e encontros individuais com os alunos.

Krishnamurti diz: "Evite todos os sistemas, toda autoridade, todas as imagens. Acabe com seu apego particular, agora. A mente deve estar livre de todas as autoridades." E ecoando as últimas palavras de Buda a seus discípulos: "Seja uma luz para si mesmo." Krishnamurti também disse, num discurso sobre o amor: "Pode significar uma mudança drástica e completa; pode desmembrar a família (...); talvez você tenha de destruir a casa que você construiu; você pode nunca mais voltar para o templo." Independentemente de Toni ter lido ou não essas palavras em particular, elas aludem estranhamente à mudança drástica que estava por acontecer.

No início de 1981, Kapleau-*roshi* ausentou-se por um ano sabático, e Toni assumiu a direção do centro. Naquela época, ela ainda tentava encontrar uma maneira de ser fiel a sua própria percepção interior e, ao mesmo tempo, permanecer leal a seu professor e à tradição que lhe era preciosa. Ela escreveu todas as coisas que sentia necessitarem de mudanças, como a formulação de certos juramentos e *sutras*,* bem como o andamento dos cantos, e abandonou o assento especial e as etiquetas que denotavam hierarquia, bem como a exigência da prática obrigatória de sentar para a equipe – todas as práticas de sentar tornaram-se voluntárias. Quando ela contou para Roshi essas coisas, ele ficou desconcertado. Por que ela tinha tanta pressa? Ele concordava com a entoação mais lenta dos cantos, mas queria que ela deixasse as outras coisas como estavam. Referindo-se a Harada-*roshi* (um de seus próprios mestres), ele argumentou que um novo professor sequer sonharia em mudar qualquer coisa. Isso seria uma imprudência desmedida. "O que você faz durante *dokusan*", disse-lhe, "é com você. Mas as formas são outra coisa. Nós criamos alguma coisa aqui."

Toni percebeu quão fortemente ele sentia-se dono do centro e o quanto ele não queria mudanças – pelo menos

---

* Termo formal para os sermões proferidos pelo Buda. (*N. do R. T.*)

não tão rapidamente. E ela concordou com este último ponto, naquele momento.

Ela queria que a coisa funcionasse. Lutou para fazê-la funcionar, para encontrar um compromisso para harmonizar esse conflito. De acordo com alguns de seus alunos, eles próprios foram favoráveis a que ela abandonasse o posto muito tempo antes de consentir em fazê-lo. Eles descreveram a divisão aguda do centro naquela época, as reuniões turbulentas durante as quais as ações de Toni eram criticadas. Mas durante todo esse tempo Toni sabia que eles só estavam vendo as sombras de uma mudança muito mais profunda dentro dela.

– Comecei a questionar toda essa coisa que eu estava fazendo – contou-me. – O pertencer a um grupo e a identificação com ele. Mas eu tentava racionalizar. Não queria lidar com isso. Eu era uma parte e uma parcela disso.

Era evidente o surgimento dos problemas. Por exemplo, houve o incidente do *rakusu*. No Centro Zen de Rochester, o *rakusu* (uma túnica solta, de corte elaborado, usada sobre o manto ou as roupas normais) era concedido àqueles alunos que haviam passado seus *koans* iniciais e carregava consigo elementos incontornáveis de prestígio e realização. Toni tirou o dela e nunca mais o vestiu.

Ela sabia que não passaria despercebido. Contudo, essa e as outras mudanças já instituídas por ela estavam, na realidade, muito além do alcance de sua mente na época. Assim, a intensidade da oposição de algumas pessoas chocou-a e desanimou-a. Caso existisse qualquer outro caminho, ela o teria adotado. O conflito e a confrontação eram-lhe dolorosos e fatigantes, reavivando espectros de sua infância. Mas ela não podia retroceder, nem se esquivar deles. Para acabar com o engano, você não pode promover o engano. *Rakusus*, prostrações, assentos especiais no *zendo** – tudo significava separação. Por mais que considerasse isso repetidas vezes, ela precisava prosseguir.

Uma reunião importante aconteceu quando Kapleau-*roshi* voltou para Rochester, vindo de Santa Fé, em junho de 1981. Algumas pessoas escreveram e falaram com ele, queixando-se das mudanças implementadas. Numa sala repleta de pessoas indignadas, permitiu-se a Toni a presença de apenas dois membros de sua equipe com ela. As acusações foram lançadas contra todos os três. Ao término da reunião, e mesmo depois da séria intervenção de um antigo membro numa discussão que durou até 2h30 da manhã, ela sabia que, em última análise, embora não imediatamente, deveria partir – a despeito do sofrimento que causaria, a despeito da divisão. Havia casais, por exemplo, entre os quais um membro era seu aluno, e o outro, de Roshi. Como negociariam duas devoções diferentes? Essas questões deveriam ser enfrentadas. Seria doloroso. Levaria tempo. Mas, antes, a separação teria de acontecer.

Toni estava ciente de que toda essa situação também minava sua saúde.

– Algumas pessoas teriam amado esse tipo de coisa, teriam prosperado com isso. No que me diz respeito, após crescer na Alemanha de Hitler, isso realmente despertou muitos dos meus medos antigos – de ser acusada, de ser denunciada.

E a questão muito mais profunda – ela ainda era budista? – nem sequer fora levantada ainda. Ela sabia que mais cedo ou mais tarde teria de levantá-la, mas ainda não a encarara completamente. Ela ainda não podia simplesmente

---

* *Zendo*: sala onde se pratica *zazem* [prática de sentar]. (*N. do R. T.*)

abandonar toda a situação. Então, quando Roshi disse, no dia após a reunião: "Se você ficar, pode fazer tudo o que quiser. Dou-lhe a liberdade total de trabalhar de seu próprio jeito", ela concordou em ficar. Mas ao relatar-me os acontecimentos, mais tarde, ela comentou:

– Claro que eu sabia que ele não podia me dar essa liberdade "total", porque eu não continuaria mais com o budismo.

– Como isso se tornou claro para você? – perguntei.

– Bem, eu mesma estava fazendo todas aquelas prostrações, acendendo incenso, fazendo reverências e tudo mais. Percebi que influenciava as pessoas apenas pela posição que eu detinha, toda a configuração. Eu percebia isso e não mais faria parte disso.

"A não ser que você esteja muito determinada a descobrir, se alguém o incentivar a *não* descobrir as coisas, então você não vai fazê-lo. É o que encontrei no zen. O sistema apoia muito o *não* questionamento de certas coisas. Mesmo que alegue questionar tudo. Você questiona tudo e 'queima o Buda', mas, então, você o conduz novamente ao trono!

"Eu examinei [a questão] com muito cuidado: ficava dividida quando fazia reverência? Sempre me fora dito: 'Quando faz reverência, você não faz reverência para o Buda, você faz reverência para si mesma. E quando você está se prostrando, tudo desaparece, você desaparece, o Buda desaparece e não há nada.' Observei com muito cuidado, e a questão não se esclarecia completamente. Eu podia ver que, frequentemente, havia uma imagem do reverenciador, ou da pessoa que 'não tem nada'. Com frequência, havia a sombra de alguma coisa, de alguém que fazia isso. Ou, talvez, a ideia de ser capaz de fazê-lo de forma vazia!"

— Permita-me fazer uma pergunta. Está certo fazer reverência se você estiver vazio?

— Por que você faz isso? Por que eu faço isso? Deixe-me perguntar-lhe: se você nunca tivesse entrado em contato com essa tradição específica da reverência, num momento de profunda compreensão ou de profunda efusão de amor — você faria reverência?

— Bem, de certo modo, aprendi a fazê-lo. Aprendi esse gesto como expressão de respeito, gratidão e amor. E, às vezes, simplesmente me vem espontaneamente.

— Então, você ensina os outros a fazer isso? As pessoas no Ocidente, que não foram ensinadas a fazer isso, não o fazem espontaneamente.

— Você pode transmitir um gesto vazio?

— Sim. Você não pode ensinar o amor. Ou está dentro de você ou não está, e a maneira como isso se expressa, ou se isso se expressa em gestos, é irrelevante.

No fim das contas, as peças começaram a encaixar-se com uma espécie de inevitabilidade. E, a despeito da experiência de um processo demorado relatado por alguns de seus alunos, tudo parece acontecer de forma notavelmente rápida. Toni fora deixada como encarregada do centro no dia 1º de janeiro de 1981, quando Kapleau-*roshi* mudou-se para Santa Fé. Em junho, ele retornou a Rochester para a reunião tempestuosa descrita acima. Em novembro, Toni foi visitá-lo no México, onde ele tirava férias, para dizer-lhe que ela não poderia continuar porque não se considerava mais budista.

— Fazer isso foi muito difícil para mim. Se ele me pedisse para ficar mais um ano, eu ficaria, mesmo dentro do contexto antigo.

Mas depois de falar com os curadores ele só pediu-lhe para ficar até janeiro. Portanto, toda a história aconteceu no período de um ano.

Entretanto, vista de outro ângulo, arrastou-se por muito mais tempo. As feridas cicatrizavam lentamente. Havia críticas, amarguras, uma sensação de perda. Enquanto muitos alunos alinhavam-se a um centro ou ao outro, outros ficavam sem filiação, alarmados, até desiludidos. Alguns quiseram empenhar-se profundamente para sanar o rompimento. O próprio fato de haver dois centros zen numa mesma cidade parecia um elemento discordante, antitético às noções de harmonia e não divisão. Alguns examinaram seu próprio comportamento e modos de pensar que contribuíam para a polarização. Um aluno escreveu uma carta a Toni, que ela citou numa palestra de domingo, deplorando as maneiras em que "nós também mantivemos viva a divisão entre os dois *sanghas*".*

Num modo que lhe é característico, Toni revidou: "Não há dois *sanghas*. Há somente seres humanos, rachados e divididos entre si." Ela não estava impaciente por ter paz e harmonia. Pelo contrário, queria saber: o que são paz e harmonia? Independentemente de estarmos falando de duas nações, dois centros, dois indivíduos ou do estado interno de um indivíduo, aquilo com que lidamos são pensamentos, ideias, imaginação. "Você percebe isso?" Ela sabia que muitos achavam desconcertante e lutariam contra isso com todo o seu ser. Mas, quando criança na Alemanha, Toni vivenciara a caricatura de períodos de "paz" que eram apenas intervalos entre guerras.

---

* *Sanghas*: comunidade budista. (*N. do R. T.*)

Todos nós mobilizamo-nos para resolver problemas no mundo, ela afirma, contudo, não estamos em contato com o problema diretamente. Levamos nossa confusão para dentro da situação. Podemos conseguir algum impacto limitado, temporário, mas não a resposta verdadeira. Para tanto, precisaríamos penetrar o problema e vê-lo fundamentalmente, dentro de nós.

Como podemos contribuir para a paz e a harmonia quando não há paz e harmonia dentro de nós mesmos? E a pacificidade e a harmonia genuínas devem ser diferenciadas de alguma ideia que se repete, alguma "imagem de si como alguém que trabalha pela paz e pela harmonia". Tais imagens impedem que vejamos a desarmonia dentro de nós mesmos, a divisão, a fragmentação.

Assim, Toni não estava com pressa para encobrir quaisquer sentimentos ásperos existentes, mesmo em prol da pacificidade ou do amor. A divisão era real. A raiva, a amargura e o autointeresse eram reais. Por que encobri-los antes de olhar para eles, experimentá-los, compreender como surgiam?

"Qual é a fonte do ódio, da violência, da guerra, da dissensão, da divisão? Quando somos consumidos por este problema – e ele está destruindo o mundo –, por onde devemos começar?"

Toni começa com o "eu". Porque, enquanto houver autointeresse, ele colidirá com outro autointeresse. E enquanto não formos unos, não haverá paz.

E ela sempre, sempre, enfatiza a importância da escuta não defensiva. E sua capacidade de permanecer aberta e gentil diante de críticas de qualquer espécie pode ser muito perturbadora. Ela baseou certo número de palestras em questões alusivas e desafiadoras feitas por alguns de seus alunos. (Um deles perguntou: "O que você está fazendo não é apenas psicologia? E a iluminação, ou tornar-se um buda?" Outro escreveu: "Temo apenas por seus alunos demasiadamente cegos por sua eloquência e beleza de sua personalidade para encontrar seu próprio e verdadeiro caminho.") Ela inaugurou uma série de períodos de discussão para abordar todas e quaisquer questões que poderiam surgir em relação às mudanças efetuadas no novo centro. Essas discussões prosseguem.

Precisamos escutar uns aos outros e a nós mesmos, sem ameaça alguma, ela diz. E isso só pode acontecer se realmente não houver nenhuma ameaça – coisa que não é absolutamente fácil. É preciso "uma atenção tremenda e a energia da percepção para não ser arrastado para todas essas tendências de forma cega". É tão fácil não olhar para aquilo que está acontecendo dentro de nós mesmos quando estamos defensivos, ambiciosos, invejosos ou depreciativos em relação aos outros. De onde vêm essas reações? Qual é a fonte da desarmonia, da guerra, da falta de relacionamento entre os seres humanos? Temos de observar, perguntar e sentar-nos com essas questões. Sempre e repetidamente: o que é isso?

E, inclusive, o que é o budismo? Quem sabe? Ela pergunta. Quem é que pode realmente saber? Ela volta a lembrar as palavras de Buda: seja uma lâmpada para si mesmo. Confie na verdade e não se refugie em nada mais.

Isso é o que Toni ensina, independentemente de autodenominar-se budista ou não. Ela ensina – ela é – essa lâmpada questionadora, lançando luz em qualquer coisa que surja ou se aproxime dela: "É possível ao ser humano ver, não apenas pensar a respeito. Mas você tem de sentar, deixar a questão sentar e apenas observar e escutar internamente, sem saber."

Toni ensina, questionando. Ela questiona não apenas todas as suas crenças e condicionamentos, mas também a estrutura habitual de professor e aluno. Ela não está aí para dar nada, nem para comunicar a verdade. Há alguma coisa acontecendo, mas não se relaciona com dar e receber. Duas mentes encontram-se e, caso haja abertura, alguma coisa se mexe, se desloca, se clarifica. "Você vê isto?", diz Toni, sempre e repetidamente. Ou: "É possível que possa haver apenas escuta, sem querer, sem preferir isto a aquilo?"

Suas palavras nunca têm a intenção de persuadir ou convencer, ou até mesmo inspirar. Palavras não são a verdade. A verdade é ver diretamente, e não pode ser ensinada. "Na visão clara não há nem 'professor' nem 'aluno'. Não há divisão." Há duas pessoas, cujas mentes possuem muito mais semelhanças do que distinções, levantando questões juntamente, olhando "para a coisa toda" conjuntamente, prestando atenção, prestando atenção, sempre e sempre. Às vezes, acontece uma clarificação. Às vezes, não.

Em maio de 1983, às vésperas da primeira reunião anual do GVZC como organização, Toni falou sobre "quem e o que somos – e o que não somos". Ela disse que essa organização é importante somente na medida em que ajuda cada pessoa a ver dentro de si e compreender a si mesma sem ilusões. Ela enfatizou o perigo de uma organização tornar-se mais importante que as pessoas para as quais foi criada para servir. A organização poderia tornar-se um objeto de orgulho e apego. Poderia promover a arrogância e a divisão de outrem. "O que é um centro?", ela perguntou. Ele cria imagens de autoimportância, status, prestígio? Essas coisas precisam ser clarificadas continuamente, "para que nada cresça por descuido".

Ela falou sobre como os ideais podem tornar-nos cegos para o que realmente acontece em nossos corações, mentes e corpos. Reprimimos e negamos nossas falhas, porém, as vemos claramente nos outros. Ela comentou como as relações entre os seres humanos são sensíveis. Exigem tanto amor – e, frequentemente, ele é inadequado. Ela lembrou a primeira vez que confrontou sua mãe sobre o fato de temê-la a maior parte de sua vida. Sua mãe não queria ouvir, não podia acreditar nisso.

– Foi uma revelação e tanto. Eu achava que ela soubesse disso, mas ela não sabia. E ela não tivera a intenção de ser assim. Ela tinha esse "ideal" de ser boa e amorosa. Portanto, ideais são inúteis, perigosos, cegantes e estorvadores. E nós os erguemos constantemente e nos refugiamos neles.

Nenhuma forma organizacional, afirma, por mais que seja concebida de modo racional, pode ser uma garantia contra os perigos. Ela não pode ser consciente. É apenas um conjunto de palavras, um conceito. "Nós temos de fazer o trabalho. Se não houver este amor, esta atenção para com outras pessoas e si mesmo, como é que regras podem dar conta disso?" Cada pessoa deve tornar-se consciente dos impulsos de domínio sobre outros, por exemplo, ou da segurança que provém da obediência cega.

– Este centro não foi formado para venerar uma crença, ou a crença na não crença. Nem a ideia de qualquer coisa nem a ideia de nada. Quando não há nada, não há necessidade de crença. *Nada* não pode ser simbolizado. É a ausência do egocentrismo e do medo por si mesmo. Quem sou eu quando não tenho nada para me representar?

Naquela noite, ela continuou dizendo algumas coisas muito interessantes sobre "recintos cercados". Existem muitas coisas dentro de todos nós que não foram exploradas. E são muito profundas, muito escuras. O medo de não ser, por exemplo, o medo do mal, da destrutividade e da violência. E há tanta ânsia por alguma coisa além disso tudo, algo além da trivialidade do cotidiano, além das dificuldades infinitas do relacionamento. E parece que, desde tempos imemoriais, os recintos cercados contribuíram especialmente para aquilo que abranda esses medos: projeção, conciliação, veneração, magia, cerimônia. Ela citou as cavernas de cromagnon em Lascaux, as "cavernas-templos", como foram chamadas, e as catedrais góticas da Europa, "onde tudo está apontado para cima – a arquitetura faz isso por você. Você fica todo arrepiado". E esquece de perguntar: de onde vem isto? Quem construiu isto? Quem pintou os ícones? Quem escreveu as escrituras? E quem as interpreta?

Então, devemos ter muito cuidado quando construímos um recinto fechado. Devemos observar o que acontece do lado de dentro dele. Dentro *desse* recinto fechado também, acrescentou, referindo-se ao recinto do "eu". Até que comecemos a questionar – o que é esse "eu"? – não fica claro para nós que se trata de um recinto fechado, que ele nos separa dos outros, da natureza. As pessoas veem, tocam e entram em contato com o mundo por meio de suas experiências passadas, e elas colorem tudo, determinam todo o enfoque delas. "Vejo tudo através de meus óculos coloridos. É possível tirá-los?"

Sem paredes, prosseguiu, não há recintos fechados. Há espaço. Não existe lado de dentro nem de fora. Se nos agarrarmos a uma organização, se ficarmos apegados ou dependentes dela, não é igual ao recinto fechado do "eu"? Estaríamos buscando proteção dentro do recinto fechado mais amplo de um centro? "Para explorar a situação, precisamos dar um passo para fora, não correr para dentro de outra coisa novamente. Isto é possível?"

Toni envolve constantemente seus ouvintes desse modo. Todas as suas palestras aproximam-se do diálogo. Suas perguntas encontram eco na mente, disparando respostas e perguntas próprias. Mais tarde, nessa palestra, ela referiu-se a um poema no *Mumonkan* (O portão sem barreira) que contém o verso: *Você deve escalar uma montanha de espadas com pés descalços*. "Então, é possível caminhar com grande cuidado, consciente dos perigos, sem pânico, mas pisando com cuidado? Relacionando-se com cuidado, escutando com cuidado, realmente com cuidado, para si mesmo e para a pessoa que está logo a seu lado?"

No diário que eu mantive durante minha viagem a Rochester a primeira anotação é: "Ela é como água límpida e borbulhante. Seus olhos veem a verdade, e ela está aí. Simplesmente aí. Ela é totalmente, simplesmente gentil. Não há querer, não há expectativa."

Uma observação posterior constata: "Não tenho nenhuma dificuldade em imaginá-la sustentando essa pergunta fundamental sempre. É assim que eu a vivencio: no meio de 'O que é?' – sempre. Para que nada mais confunda ou interfira. Nada mais desequilibre. Nem é pelo fato de que a pergunta continua por trás de qualquer outra coisa que passe ao primeiro plano. Tudo mais é permeado pela pergunta, organizado por ela, iluminado por ela.

"E suponho que isso afete o 'eu', a personalidade. Evidentemente – a pergunta não provém da personalidade, já que inclusive isto (especialmente isto?) é questionado."

Voltando a ler essa passagem agora, vejo quantas "ideias" contém. E como elas me separam de Toni, separam-me de minha própria experiência. Não obstante, comunicam algo, embora não a verdade, e por isto eu as deixo aqui – especialmente a água límpida e borbulhante.

Nos anos que se passaram desde minha visita ao Genesee Valley Zen Center, em 1983, ocorreram inúmeras mudanças significativas. A primeira foi a aquisição, no início de 1984, de 115 hectares de terra sem benfeitorias para um novo centro de retiro em Springwater, Nova York, a uma hora de distância de carro, ao sul de Rochester. Foi necessário construir estradas, e a edificação dos prédios teve de começar da estaca zero, mas, na primavera de 1985, muito embora ainda restasse muito trabalho a ser feito, Toni realizou ali seu primeiro retiro no campo. Logo, as principais atividades do GVZC deslocaram-se gradualmente para o sítio de Springwater, mesmo com um centro menor mantido em Rochester também.

Em 1986, decidiu-se levar a cabo uma mudança radical no nome do centro. Durante algum tempo, Toni preocupou-se com o fato de o termo *zen* evocar imagens que não eram consoantes com o trabalho real que ela e os que trabalhavam com ela realizavam. Numa carta aos membros, escreveu: "Embora a palavra *zen* possa ser utilizada num sentido universal, para a maior parte das pessoas ela refere-se a uma tradição religiosa isolada. Está associada, na mente das pessoas, não somente ao budismo, mas também às tradições japonesas. Seu uso vincula-se a métodos de treinamento e objetivos específicos e traz consigo a imagem da pessoa *'zen'*. Ser associado a uma tradição específica resulta em compartimentalização, divisão e isolamento. Seria bom utilizar um nome que fosse simples e direto."

Foram considerados vários nomes novos, a maioria deles mantendo o nome de Genesee Valley. No fim, a escolha recaiu longe disto em Springwater Center, o mais simples e direto de todos.

Outro desenvolvimento importante, especialmente para as pessoas que vivem na Costa Oeste, foi Toni viajar para a Califórnia, agora anualmente. Ela foi para lá pela primeira vez em maio de 1985, para conduzir um retiro de cinco dias em Olema, a uma hora de carro subindo a costa a partir de São Francisco. Éramos 26, 16 mulheres e dez homens, de formações muito variadas, embora muitos de nós seguissem a prática zen durante anos. Somente poucos conheciam Toni pessoalmente. O cenário era lindo: um centro de retiro Vedanta, situado em 800 hectares de terras virgens, entre bosques e colinas verdes, cuidadas com amor.

A sala que utilizávamos para a meditação continha, coincidentemente, um estrado elevado, com flores, velas, incenso e três grandes retratos na parede acima dele: Cristo, Ramakrishna e Buda. Seria possível pensar que não era o cenário mais propício para os ensinamentos de Toni. Contudo, quase instantaneamente, todos os detalhes esvaeceram, as diferenças suavizaram-se, as opiniões desapareceram, e estávamos sentados simplesmente juntos, com a mente do iniciante, e ouvíamos os pássaros cantarem. Os pássaros! Eles cantavam o dia inteiro, camada sobre camada de canto na distância. Eles acordavam durante nossa primeira sessão da manhã, e quando caminhávamos do lado de fora durante o primeiro período de caminhada, podíamos ouvir seus cantos matinais enquanto o sol despontava. Também havia cervos e coelhos, vacas que mugiam e até um texugo.

Todo o retiro foi caracterizado pela gentileza. Para algumas pessoas, o fato de as sessões serem opcionais era por si só revolucionário. Questionar tudo, até a base comportamental por trás de sua própria prática (por exemplo, o estoicismo diante da dor ou da exaustão), era alternadamente hilariante, assustador, libertador, e produzia resistências. Na medida em que cada resposta, por sua vez, encontrava uma curiosidade aberta e atenta, todas as atividades do dia, todas as nossas interações uns com os outros e com o ambiente circundante e nós mesmos eram vivenciadas de forma fresca e suave. Aprendemos sobre a não violência a um nível quase molecular.

Nada era obrigatório (podia-se fazer reverência ou não, sentar de frente uns aos outros ou à parede); a atmosfera era de total respeito às necessidades e aos ritmos individuais. Sentíamo-nos encorajados a ser autoconfiantes e a questionar nossas próprias motivações para a prática, em vez de obedecer cegamente até mesmo à autoridade interiorizada. Durante as pausas da manhã e da tarde, fazíamos longas caminhadas nos bosques circundantes, seguíamos os rastros dos cervos nas colinas. Esse tempo meditativo passado sem pressa no meio das árvores, no gramado, ao vento e perto das criaturas expandiu e aprofundou toda essa experiência.

Em suas palestras, Toni falava sobre atenção, sobre o "eu", sobre morte. No último dia, ela leu longos trechos de Huang-po e Krishnamurti. Frequentemente, ela parava, escutava e imitava os sons dos pássaros do lado de fora. As palestras, embora espontâneas, eram estruturadas de forma lúcida e impecável. Como todo o restante do retiro, as partes encaixavam-se simplesmente, naturalmente. Água límpida fluindo tranquilamente sobre pedras.

Nos últimos dois anos, na medida em que cresceu o interesse por esses retiros, que agora duram uma semana, eles foram transferidos para um cenário de retiro maior, embora sempre bonito, no norte da Califórnia. Toni continua a ser lúcida e clara, e sempre "apenas uma pessoa". Quanto mais tempo passo com ela, mais confio em seu jeito de trabalhar com os paradoxos do professor ou não professor, do "eu" e "não eu", encarando a fera de frente. Eu a vi, literalmente, esquivando-se de projeções de um ser idealizado ou de alta autoridade. Ela simplesmente não as recebe. Os jovens podem ficar surpresos, desnorteados. Logo fica claro que uma imagem em suas mentes é exatamente isto: está em suas mentes. Pessoas mais velhas, também! Fazemos isso sempre e sempre de novo – ainda *queremos* alguém para pôr acima de nós, alguém mais perfeito, mais penetrante, mais solto. Abortamos nossas próprias percepções. Mas Toni não consente.

Suas palestras tornaram-se mais simples. Quase sempre elas estão ligadas a perguntas específicas feitas pelos alunos (ou seja lá o que formos). Assim, elas apresentam um imediatismo intenso, especialmente durante os retiros. Você pode *ver* a falta de defesa de sua postura, a vulnerabilidade com que ela fala. Durante os encontros individuais, também, você fica comovido por sua acessibilidade, sua disponibilidade de estar com você no seu próprio interior. Seu "eu"?... Vocês olham um para o outro no silêncio.

Ao leitor

As cartas, os artigos e diálogos contidos neste livro não constituem informações a serem acrescentadas ao nosso inventário de conhecimento sobre nós mesmos. Eles são um questionamento e um olhar direto dentro da mente humana, que se manifesta em cada um de nós.

É possível, enquanto leitor, participar desse modo direto? Enquanto as palavras são lidas, é possível a mente pausar, ver e escutar tranquilamente?

É possível que o impulso questionador e de observação sem julgamento continue a revelar e clarificar os caminhos do "eu" durante as atividades de todos os dias, durante a vida de todos os momentos?

É uma tarefa árdua olharmos para nós mesmos com honestidade destemida, sem sermos influenciados por ideias e imagens daquilo que somos ou deveríamos ser. É mais fácil nos agarrarmos à aparente segurança de nossos padrões automáticos de pensamento e reação, mas, inevitavelmente, eles trazem conflitos e sofrimento.

Somente com uma visão clara e imediata é que a mente pode começar a se livrar de seu condicionamento, abrindo-se para a profundidade da compreensão que é a compaixão.

Toni Packer

Escutar e ver

> *É possível nossa relação de escuta e visão conjunta? É possível as imagens que surgem serem vistas pelo que são e postas de lado para que não distorçam o escutar e o ver juntos?*

Para começar, deixem que eu diga algo sobre escutar e sobre nossa relação uns com os outros.

Se alguém já ouviu palestras sobre a investigação meditativa, que tipo de escuta ocorre quando ouvimos a palestra? Há antecipação daquilo que vai ser dito e, quando algo é evidenciado, a mente-memória escuta já "sabendo" a que as palavras estão se referindo? E quanto ao palestrante, já ministrou palestras antes? As palavras numa palestra proferida, agora lhe saem da memória mecanicamente, sem pensar?

Há diferentes estados de espírito, e o estado que reage na maior parte do tempo em que falamos uns com os outros é o estado de memória. Nossa linguagem provém da memória e, normalmente, não arrumamos tempo para pensar sobre a maneira como dizemos as coisas e, muito menos, para olhar atentamente para aquilo que dizemos. Normalmente, falamos para os outros e para nós mesmos de maneira habitual, automática.

Este capítulo foi adaptado a partir de uma palestra proferida no primeiro dia de um retiro de sete dias, em setembro de 1988.

Assim, perguntamos se pode haver um falar e um escutar que não sejam unicamente governados pela memória e pelo hábito, mas unicamente pela lembrança da linguagem e os vários exemplos que são fornecidos. Existe um falar fresco e uma escuta fresca exatamente agora, não perturbados por aquilo que é conhecido?

Quando pensamentos surgem, "Já ouvi isso antes, eu sei isso", esses pensamentos e seus efeitos podem ser observados neste exato momento? É possível haver alguma consciência da estreiteza e rigidez do canal "Eu já sei isso"? Pensar "eu sei isso" bloqueia o escutar e o ver.

A visão não provém nunca da memória. Não possui memória. Vê-se agora. A totalidade do organismo está envolvida em ver. Não pensar sobre aquilo que é dito pela memória, mas escutar e ver abertamente *agora*. Ninguém pode fazer isso por nós. Só nós mesmos podemos fazer isso, descobrindo diretamente se aquilo que é ouvido, dito ou lido é realmente assim.

Na maior parte do tempo, confiamos que qualquer coisa que venha de uma fonte respeitável ou tradicional seja verdade. Mas perguntamos se é possível descobrir de primeira mão, não de segunda mão, mas de primeira mão, à primeira vista, se aquilo que é dito, ouvido e lido é realmente assim. Não que alguém assuma mecanicamente o que outra pessoa diz. Deve-se ter muita clareza dentro de si que "Sim, isso é assim" ou "Não, não é assim" ou "Eu não sei, deixe-me descobrir".

O valor de uma palestra é o de descobrir, a cada momento, o que é realmente verdade. Não há virtude em tentar memorizar o que é dito, como fomos treinados a fazer na escola. Tampouco há valor em atribuir uma importância especial à pessoa que profere a palestra. Ao fazer isso, desviamos da escuta e visão para o pensamento sobre a pessoa que fala, tornando isto a coisa mais importante. Criar uma imagem de Toni e reagir a essa imagem com reverência ou rebelião, aprovação ou desaprovação, bloqueia a escuta e o questionamento imediatos.

Nós temos imagens uns dos outros, não é? Podemos visualizar alguém em nossa mente – fechando nossos olhos e lembrando com bastante exatidão o aspecto daquela pessoa. E podemos verificar essa imagem ao olhar diretamente para a pessoa. Portanto, pode haver uma imagem inócua e razoavelmente precisa do aspecto de outra pessoa ou de si mesmo.

Contudo, possuímos outras imagens uns dos outros, que não as inócuas e verificáveis. Armazenamos ideias sobre alguém, sobre como ele ou ela é, baseadas em conhecimento e experiências passados. Lembramos experiências prazerosas e dolorosas que vivenciamos uns com os outros e desenvolvemos apegos e rancores baseados nessas imagens. Também temos ideias uns dos outros baseadas em preconceitos entranhados, saber tradicional, especulação, fofoca, ouvir dizer, pensamentos ilusórios e assim por diante.

Essas ideias e imagens preconcebidas, inevitavelmente, afetam nossa presente relação com os outros. Isto é, imagens-memória depositadas no cérebro no passado colorem e distorcem nossa percepção presente. Cada um de nós pode verificar isso. Enquanto eu me agarrar à lembrança da mágoa que você me causou ou às observações lisonjeiras que você me fez, esta percepção de você afetará nosso relacionamento exatamente agora – eu vou evitar você ou me sentir atraída por você. Se tudo isso acontecer na mente e no corpo, sem ser observado diretamente, sem entrar claramente na consciência, não posso encontrar com você agora de modo fresco e inocente. Em vez disso, olharei para uma gravação passada que interfere com o que entra neste momento. Às vezes, essa interferência é total. Estamos tão absolutamente certos sobre como uma pessoa é, que tudo o que ela faz ou diz só ajuda a confirmar a velha imagem.

É possível observar tudo isso de forma inteligente porque vemos e compreendemos a criação da imagem e seus efeitos dentro de nós mesmos? Nós somos o laboratório principal! É possível observar a construção das imagens e nosso apego a elas enquanto ocorrem dentro de nós mesmos, de tal maneira que o processo comece a se clarificar? Está claro que a imagem, independentemente de sua exatidão, não é a pessoa real? O que *é* a pessoa real?

Perguntamos se é possível ver a si mesmo e ao outro como somos neste momento – não a imagem, não a recordação, não a especulação ou o pensamento ilusório, nem o que queremos ser ou queremos que essa pessoa seja para nós. Não criando uns aos outros em imagens! Estamos perguntando, muito simplesmente: "O que está acontecendo neste instante, do lado de dentro e de fora?" É possível as imagens serem descobertas e cessarem de dominar, para que possamos verdadeiramente ver a nós mesmos e uns aos outros?

Em palestras, ou em encontros particulares em que ambos falamos, é possível haver uma objetividade de comunicação ou comunhão na qual qualquer coisa ocorrida no passado, ontem ou anos atrás, seja absolutamente irrelevante? É possível escutarmos e vermos juntos de forma limpa, agora?

Ver e escutar não são dois processos separados. Nenhum dos sentidos é realmente separado. Os sentidos operam como um todo quando não há rotulação, não há saber e reagir a partir da imagem-memória. Quando não há interferência do conhecimento acumulado, da experiência passada, do querer e do temer, não há senso de divisão quando nos comunicamos. Há um questionamento, uma escuta, uma visão. Não é uma questão de duas pessoas diferentes, porque as diferenças na personalidade são bastante irrelevantes. A personalidade desenvolve-se como resultado de várias tendências e talentos herdados, diferentes programas raciais, sociais e culturais, as maneiras como as pessoas reagiram a nós desde os primórdios, toda a nossa criação, educação e assim por diante. Mas, num momento de visão direta, agora, com todos os sentidos operando juntamente de modo livre, escutando e sentindo com a mente, o corpo e o coração abertos, a personalidade não importa, o condicionamento não importa – nenhum dos dois é importante. O que é da maior importância é o imediatismo e a objetividade de escutar e ver de forma íntegra.

O que importa não é me ater a "minha" opinião ou a "meu" ponto de vista, que é o que fazemos. Agarramo-nos a "meu jeito" como sendo uma parte muito importante de nossas personalidades – eu *sou* meu jeito, minhas opiniões e meus pontos de vista. O que sou eu quando não há identificação com eles, nenhuma insistência neles, nenhuma defesa deles? As pessoas estarão dispostas até mesmo a considerar tais perguntas? Ou o medo instala-se imediatamente, o medo de não ser nada?

Este trabalho trata disto: enfrentar diretamente o medo que surge quando tudo sobre si mesmo é posto em questão.

Não com o objetivo de encontrar falhas ou justificar, combater ou tentar melhorar, mas para questionar a si mesmo fundamentalmente, até o fim. Você sabe o que quero dizer? De onde vem tudo isso, nossa identidade, nosso profundo apego àquilo que somos e à defesa instantânea disso? Somos só isso? O que somos quando não há apego a traços de personalidade, a nossas opiniões, experiências passadas, conhecimentos e assim por diante? Sem apego ou defesa, o que há? Questionamos não por rotina, não mecanicamente, não propositadamente, mas fundamentalmente, com grande curiosidade, interesse e cuidado.

É possível nossa relação de escuta e visão conjunta? É possível as imagens que surgem serem vistas pelo que são e postas de lado para que não distorçam o escutar e o ver juntos?

É possível haver uma escuta que não *abole* o passado pessoal – isto é impossível –, mas que o veja pelo que é: memória, pensamento, imagem, sentimentos e emoções correlacionados? Essa coleção não é o que é real neste exato momento! Quando há escuta aberta, o passado está suspenso.

Se eu achar que outra pessoa é capaz de escutar melhor que eu, então, todo o complicado mecanismo de sentir-se inferior, inibido e bloqueado entrará em ação. Isso provém de nos compararmos com outra pessoa. Isto, agora, não é novidade: nos compararmos aos outros, ou sermos comparados com outros, por professores, pais e amigos, engancha-se em nosso passado coletivo, o que faz surgir toda a ansiedade, dor e sofrimento conectados com comparações passadas e presentes.

Esta é a qualidade espantosa do nosso cérebro: ele é associativo, com todas as suas complexas conexões neurofisiológicas. Algo que acontece agora, a não ser que aconteça na clareza da consciência, traz todo o passado consigo: sentimentos, emoções, reações e memórias reprimidas e não reprimidas. Evidentemente, não somos ilhas para nós mesmos. Estamos conectados a todos os pensamentos, sentimentos e emoções que nossos pais e outras pessoas ao nosso redor tinham quando reagiam a nós – seus temores, sua raiva, suas crenças e esperanças manifestam-se em *nós*. Esse vínculo estende-se à geração de nossos pais e à geração dos pais deles e assim por diante, até o passado infinito, incluindo nossos ancestrais animais. É possível observar este vínculo por si só? Eu posso ver que, ao reagir sem consciência, de forma habitual, automática, todo o passado reage, não apenas meu passado pessoal, mas o impacto de todos e tudo com o que eu já estive vinculada. Que é tudo e todos.

É possível perceber ao menos que a resposta no presente momento é proferida por todo o passado lembrado e esquecido? O que somos, realmente, no momento presente – você e eu? Num momento de fúria, digo algo que magoa você – eu não tinha intenção de dizê-lo, eu não queria reagir daquela maneira, mas escapou dessa forma. De onde veio isso? O que eu estava pensando, imaginando? A que estava eu reagindo? Estava correto? Fazia algum sentido? Eu não sei realmente! Deixe que eu olhe a coisa toda novamente, escute novamente, internamente e externamente. Posso estar projetando algo em você ou em mim mesma que não tem nada a ver com este momento vivo, mas tem tudo a ver com o passado morto!

Parece válido questionar se há qualquer possibilidade de libertar-se do passado. Se olharmos de forma global, deixando nossa situação pessoal de lado momentaneamente, veremos que não houve qualquer diminuição do medo, da avidez, de conflito, agressão, defesa, guerra, retaliação violenta e sofrimento indizível no mundo inteiro durante toda a história humana.

Em nossos círculos imediatos, eu e você, marido, esposa, companheiro e filhos reagimos constantemente ao passado, à nossa própria criação, e "criamos" nossos filhos de acordo com isso? Será que raiva, medo e violência irrompem sobre algo que uma criança faz porque é um replay de algo que aconteceu em nossa própria vida? A reação não é deliberada, acontece automaticamente! Podemos nos sentir certos e justificados, ou errados e culpados a esse respeito, mas continuaremos a ser mais ou menos do mesmo jeito. E a geração seguinte também e assim por diante.

É possível percebermos a grandiosidade do problema? O fardo de todo nosso condicionamento passado e sua continuidade? Podemos libertar-nos disso? Não o combatendo, superando-o, escapando dele ou reprimindo-o, mas pela compreensão direta, tendo uma percepção imediata dele? Percepção ou "ver para dentro" não pertence ao passado, não é uma reação e não é a continuação de coisa alguma. É algo totalmente novo e não causado, indeterminado e independente de qualquer coisa. Acontece por si só quando um ser humano envolve-se profundamente em refletir e questionar sobre si mesmo e toda a sua relação com os outros e com o mundo inteiro.

Uma vez, numa reunião em Toronto, alguém disse: "Estou totalmente confusa sobre meditação. Passei um bom tempo meditando recentemente, fiz vários meses de retiro apenas neste último ano. Tive experiências incríveis durante esse tempo – estados maravilhosamente felizes. Mas, agora, encontrando-me num período de total transição em minha vida, sem emprego e sem saber o que fazer para ganhar meu sustento, descubro que essas experiências de meditação passadas não me ajudam em nada. Não somente não me ajudam em nada, mas vejo que eu as tenho usado como fuga, para não ter de enfrentar meus sentimentos de absoluta insegurança e medo. Então, para que serve a meditação, de que se trata realmente?" Ela não queria ouvir respostas, somente precisava falar a esse respeito e questionar isso profundamente.

Quando algo assim acontece, quando as coisas a que se apega desmoronam, é possível ir devagar, não construir imediatamente outra coisa em seu lugar? Isto é o que o cérebro tenta fazer imediatamente: construir uma nova estrutura. Em vez disso, é possível alguém ficar absolutamente silencioso nesse estado de desarraigamento, de estar perdido, sem saber para onde ir, sem realmente saber o que é nem a que tem alimentado e nutrido, sem conseguir se agarrar a algo? Questionar isso tudo, não se ater a nada, abrir-se a todos os medos de insegurança, dor e sentimentos de declínio que o organismo físico produz acompanhando os pensamentos? É possível deixar-se ficar com tudo isso, integralmente, sem procurar um resultado? Apenas conviver com isso, porque está ali, como o vento, as cigarras, a chuva fresca, o gorgolejar no estômago, a respiração? Isso é meditação.

Esse sentimento de desarraigamento, caso olhemos realmente para ele de forma integral, não será mais mencionado. Não o conheceremos mais, porque o conhecer e o mencionar é o passado, e esta coisa é *agora* – está aqui. Ou há como escapar dele ou não há como escapar. O que há quando não há fuga, não há o desejo de que fosse diferente? Apenas um novo e aberto escutar, sentir, ver, tocar, saborear

– todos os sentidos completamente ali. Nenhuma interpretação é necessária.

Um único pensamento aciona todo o organismo: uma sensação sufocante de perigo, desastre, desmoronamento ou seja lá o que for. Um único pensamento pode ser observado para evocar todos os sintomas físicos do pânico. Isso assinala para o cérebro que há algo a se temer. Surgem mais pensamentos sobre possíveis perigos e escapatórias. O que perguntamos em toda simplicidade é: é possível ver de relance todo esse processo em andamento, não interpretação ou análise, mas a proximidade de um insight?

É possível haver algo de novo, algo de diferente? Uma consciência instantânea que simplesmente ocorre? Pode, mas pode imediatamente ser sobrepujada por pensamentos – O que vai acontecer comigo? Eu não gosto disto, como posso sair disto? –, e a fantasia fornece uma via de fuga. Não carecemos de momentos de atenção, o que nos faz falta é uma consciência constante sobre o fluxo de pensamentos com seu desconforto e ansiedade. Falhamos em perceber que os pensamentos surgem da memória de perigos passados, assinalando perigo quando pode não haver nenhum. Falhamos em ver o perigo do próprio pensamento. O conteúdo do pensamento é tomado pela realidade, e a reação corporal imediata confirma essa "realidade".

É possível vermos isto operando de uma maneira ainda mais fundamental? Vamos ver. Quando há sintomas físicos de medo, surge o pensamento de que há uma entidade que *tem* esse medo. As sensações e os sentimentos que aparecem confirmam que alguém está com medo. Falamos "conosco" sobre isso. O fato de que a origem de tudo isso foi o pensamento e a memória é perdido ou ignorado. Acreditamos que somos os pensadores dos pensamentos, os atores das ações, e pensamentos ulteriores não vão chegar à raiz do problema. Pode-se ver a limitação do pensamento? Ver diretamente que esse pensador, esse ator é o próprio pensamento?

Os mecanismos que estamos estudando neste momento não são diferentes para você ou para mim. No norte, oeste, leste ou sul, hoje ou mil anos atrás, os mesmos mecanismos operam nos seres humanos. Ao descobrir em nós mesmos os mecanismos da mente e do corpo, descobrimos a mente e o corpo de todos os seres humanos, independentemente da sua personalidade, do tempo histórico ou da localização geográfica. Essa é a verdadeira beleza deste trabalho. Porque na descoberta do que é universalmente verdadeiro para todos nós, não apenas para mim e o meu grupo, mas para todos nós desde tempos imemoriais, encontra-se a semente da compaixão, do amor. Não o amor pessoal, mas um amor explosivo para com todos e tudo.

Claramente, quando perguntamos: "Qual é nossa relação uns com os outros?", a própria expressão implica uma distância, uma separação, não é? Pode-se formular dessa forma, mas pode-se ver a limitação? Quando observamos realmente, profundamente, não há distância, não há separação entre mim e você.

Questionar

O verdadeiro questionamento não tem métodos, não tem saber – apenas pensar livremente, vulneravelmente, sobre o que acontece realmente do lado de dentro e de fora. Não a palavra, não a ideia disso, não a reação a isso, mas o simples fato.

JACEK. Toni, dois anos atrás você assistiu à conferência "Mulheres e o budismo americano" no Providence Zen Center e deu uma palestra lá sobre apegar-se a imagens *versus* ver claramente. Posteriormente, a palestra foi publicada em *Primary Point*. Pelo que ouvi, foi bem-recebida, e vários professores de *darma** observaram: "Ela é muito clara." Porém, também vieram à tona críticas: "Ela tem um problema com a forma", "Ela está apegada à liberdade", "Isso é claustrofobia espiritual" – sugerindo que, independentemente de quão profunda seja nossa percepção, sempre temos de nos manifestar como alguém; não precisamos temer as formas, mas utilizá-las, e não precisamos temer os rótulos que nos são impostos, eles virão de qualquer maneira. O que você pode dizer acerca de tais comentários?

Esta entrevista foi conduzida por Jacek Dobrowolski em julho de 1986 e editada para sua publicação. Depois da entrevista, Jacek e Toni trocaram correspondências, que também foram editadas para serem incluídas aqui. Jacek, ex-estudante zen, atua como tradutor e intérprete para Toni durante as oficinas e retiros dela na Polônia.
* *Darma* – Os ensinamentos de Buda. (*N. do R. T.*)

TONI. Eu não tenho qualquer problema em viver com "formas". O que isso significa? Somos seres humanos que pensam, sentem, comem, bebem, dormem, defecam, aprendem, trabalham, criam, recriam, comunicam-se uns com os outros e assim por diante. Deixei um centro zen estabelecido porque ficou absolutamente claro que eu não poderia continuar a funcionar e questionar livremente dentro de um sistema dedicado a ensinar e propagar uma tradição religiosa específica. Foi algo simples assim.

Enquanto houver um investimento de ego e uma identificação com qualquer sistema, não se poderá indagar e ver claramente. Há um ponto cego em que o olho não pode ver, ali onde o nervo ótico está preso à retina. Temos pontos cegos desse tipo sempre que estamos presos. É possível *vermos* que estamos presos – tornarmo-nos claramente conscientes disso? Quando o apego e o investimento são vistos completamente – a causa que está na raiz, bem como as consequências que emergem –, o ver é desprender-se.

As críticas que você mencionou, até onde posso saber, provêm de pessoas que ouviram sobre uma palestra de Toni (ou uma palestra *sobre* Toni), mas que nunca questionaram profundamente o condicionamento psicológico que permeia todos os aspectos de nossas vidas. Assim, antes de especular e expressar opiniões sobre o que Toni está fazendo, quais são seus problemas e ao que ela está apegada – caso alguém realmente esteja interessado em descobrir –, por que não vir aqui e questionar isso diretamente com ela? Estou aberta a isso a qualquer momento que alguém chegar para levantar essa questão. Não acho que vou me cansar um dia de olhar para qualquer coisa começando do zero. O processo é sempre revelador de forma nova: sentar e trabalhar juntos para descobrir o que está acontecendo na mente e no corpo humanos, questionar nossos pressupostos e conclusões profundamente arraigados, nossas crenças, tradições e professores, e descobrir as causas de nosso apego em primeiro lugar.

O diagnóstico "claustrofobia espiritual" – o que significa? Quer dizer ter medo de viver numa "caixa espiritual"? Estar confinado por ideias e programas espirituais? Quando alguém realmente percebe que está preso dentro de uma caixa, ele sai dela, não é? A inteligência de ver torna isso possível. Claustrofobia significa pânico de recintos fechados sem encontrar uma via de saída. A percepção direta de que se está preso pode ser o fim do confinamento. Quando é assim, a pessoa não volta.

JACEK. Lembro-me da palestra proferida por Soen Sa Nim na última primavera no Providence Zen Center, em que ele disse que o pior tipo de mente é a mente ditadora; porque nela não há amor, nenhuma igualdade, nenhuma liberdade e nenhuma harmonia. Ele também mencionou que Buda jamais disse: "Sigam-me, acreditem em mim." Perto do término de sua palestra, ele disse a seus alunos: "Vocês devem tornar-se completamente independentes." Certamente você concorda com essas palavras, não é?

TONI. Não se trata de concordar com as palavras de alguém, independentemente de serem as de Buda ou de qualquer outra pessoa. Estamos claramente entendendo por nós mesmos o que a pessoa diz, de onde ele ou ela vem e, caso não seja assim, estamos livres para questionar isso profundamente?

Estabelecemos o ideal da independência ao ouvirmos a advertência: "Vocês devem se tornar completamente independentes"? Enquanto estivermos ocupados com o ideal, estaremos livres para descobrir o quanto somos completamente dependentes?

Quando entramos num grupo espiritual ou num centro de treinamento, normalmente há inúmeras atividades, cerimônias, etiquetas, rituais, juramentos etc., dos quais se espera que participemos. Não há realmente liberdade para escolher participar delas. Qualquer hesitação é equiparada a "ego", enquanto participar daquilo que é exigido, a despeito das dúvidas, é chamado de "baixar a guarda do ego". Rapidamente, a mente condiciona-se às novas cerimônias e às maneiras como se espera que nos relacionemos com "professores", "discípulos mais velhos", "alunos avançados" e "iniciantes". Na realidade, já fomos condicionados a esses padrões em casa, na escola, no trabalho, na igreja e assim por diante. Agora, há o reforço de velhos padrões num novo lugar. Vemos o venerado professor participar plenamente e sancionar o que está acontecendo. E não apenas este professor que está presente – estamos cerimonialmente vinculados a toda uma linhagem de professores antigos, os quais fizeram e sancionaram o que fazemos agora. Então, nosso condicionamento pesado é perpetuado sem qualquer encorajamento ao questionamento e à dúvida. Pelo contrário: duvidar é "ceder ao ego". A mente encontra refúgio na coisa toda. Sentimentos de culpa, ansiedade, solidão e isolamento são mitigados pelo fato de pertencermos.

E, então, o professor diz: "Vocês devem se tornar completamente independentes." Outro professor diz: "A função do professor é abster-se de influenciar seus alunos." Mas o que isso realmente quer dizer? O professor não representa tudo aquilo com o que nos engajamos e com o que assumimos compromissos? Ele ou ela representa toda a tradição passada! Como é que alguém vai ser completamente independente disso? É uma questão enorme, não é? É possível um ser humano ser independente do passado – não em teoria, mas de verdade?

Então, é possível começar por ver e escutar o que está realmente acontecendo a cada momento, compreender claramente o que está ocorrendo exatamente agora e o que ocorreu no passado? Como é que constantemente buscamos refúgios que defendemos, em vez de enfrentar o medo, a culpa, a solidão, a insegurança?

JACEK. Como imitamos...

TONI. Como imitamos! A imitação fornece-nos um sentido de pertencer, uma sensação de identidade, sem que sequer tenhamos consciência disso. Há apenas essa ânsia de sermos como alguém que admiramos ou veneramos – tentamos ser como ele ou ela, suspendendo ou evitando qualquer consciência crítica.

JACEK. Você desafiou a maneira ditatorial de ensinar, mas, independentemente de quanto você se policie para não ser uma figura de pai ou de mãe, ou qualquer figura de autoridade, quando você se pronuncia com convicção, com bastante convicção, as pessoas que a ouvem podem tentar empurrar para você esse papel, ou até mesmo se tornarem inconscientemente dependentes de você, e você pode não ser capaz de detectar cada um desses apegos.

TONI. Sua pergunta tem dois aspectos. O primeiro é: a pessoa que se pronuncia com convicção, que fala com as pessoas e evidencia as coisas, essa pessoa influencia o ouvinte por meio da personalidade, pela associação com figuras de autoridade, pelo poder das palavras? O ouvinte é influenciado para tornar-se um seguidor, um discípulo que acredita no que é dito sem questionar sua validez, apenas seguindo ou repetindo mecanicamente o que foi dito?

A outra questão é: o que acontece na pessoa a quem muita gente recorre por ajuda? Isso cria imagens para ela ou ele, como: "Eu sou alguém especial, alguém importante, sou espiritualmente avançado, iluminado ...", "*Eu sei ...*"?

JACEK. "Eu sei": essa é a pior.

TONI. "Eu sei e você *não* sabe. Apenas faça obedientemente tudo que eu mandar e talvez você venha a saber também." É possível ver instantaneamente e banir tais ideias e imagens? Não se pode nunca pressupor que se está além de tais imagens. Deve-se observar isso. Se elas não forem vistas e banidas, perpetuarão a ilusão e a separação.

Vamos olhar de novo para a primeira questão. Todos nós somos vulneráveis à influência das palavras e ações de figuras de autoridade, a não ser que haja uma compreensão direta. Se não vermos a verdade ou falsidade daquilo que é dito, independentemente de quem o estiver dizendo, a compreensão permanece intelectual, na melhor das hipóteses. Ou, então, se acreditará apenas nas palavras, seguindo-as e repetindo-as fielmente, sem qualquer compreensão. Esse tipo de influência acontece independentemente de quem seja o orador.

Você também perguntou: você consegue detectar se outra pessoa apega-se a você? Eu posso detectar isso ou não, mas sempre podemos abrir toda essa questão da autoridade e do apego durante palestras e reuniões. Falamos sobre isso repetidas vezes, sempre e repetidamente. Mas se alguém realmente vai ter a compreensão sobre o apego e deixar isso de lado ou não... ninguém pode fazer isso por outra pessoa. Nós é que devemos descobrir a verdade, por nós mesmos.

Isso me remete novamente à questão do que acontece com aquele a quem as pessoas procuram por ajuda. Sou dependente de as pessoas me procurarem e me ouvirem? Isso seria algo muito perigoso. Presto muita atenção à possibilidade de dependência. Discutimos esse problema e o consideramos juntamente. Acredito que um professor que dependa de ter alunos acabe inevitavelmente usando-os. Como poderia ser diferente? É possível haver liberdade e amor quando há dependência e apego de qualquer tipo? Então, acho que sou totalmente responsável pelo que faço e digo, mas a maneira como as pessoas recebem isso, usam isso, interpretam ou mal-interpretam, não é algo que dependa unicamente de mim.

JACEK. O que você diz em suas palestras é muito parecido ao que o recém-falecido Jiddu Krishnamurti disse durante décadas, falando sobre a atenção, o questionamento e a indagação, dizer e ver, dependência, liberdade e amor incondicional. Como você o considera e qual é o grau de proximidade que você sente em relação a Krishnamurti?

TONI. Meu marido e eu fomos várias vezes a Ojai, na Califórnia, para ouvir K., e também o ouvimos na Suíça e, uma vez, na Inglaterra. Jamais o encontramos pessoalmente. Foi somente depois de entrar em contato com o trabalho de K. que os véus começaram a cair dos meus olhos, e as coisas tornaram-se claras. O questionamento do que eu fazia num centro zen-budista, proferindo palestras, fazendo reuniões, participando de cerimônias e rituais e, mais tarde, sendo encarregada desse cenário formidável, intensificou-se. Toda a questão da autoridade e de influenciar pessoas explodiu e já não foi uma questão de escolha o fato de abandonar toda a tradição. Simplesmente, eu tinha de fazê-lo.

Você pergunta qual é a proximidade que sinto em relação a Krishnamurti. Quando dois seres humanos, você e eu, vemos a mesma coisa diretamente, integralmente, neste instante, então, já não se trata mais de uma questão de "proximidade". Não há "você" e não há "eu", nenhuma separação de qualquer tipo. Algo de inteiramente novo está funcionando livremente e não pertence a ninguém. Não depende de ninguém. Está claro?

JACEK. Sim.

TONI. Havia outra parte nesta questão?

JACEK. Como você o vê?

TONI. Como eu o vejo?

Eu disse que somente após entrar em contato com o trabalho de K. tornou-se claro o que era preciso fazer. Krishnamurti nunca, jamais, pôs sua pessoa no primeiro plano. Sua advertência constante era "O orador não é importante". O importante é ver claramente por si mesmo a verdade ou falsidade do que é dito. Nunca houve sequer a sombra de uma exigência de discipulado ou de veneração. Ele referia-se a tudo isso como "besteira" e dizia que era uma abominação para ele. Isso basta?

JACEK. Sim, muito obrigado.

Eu ouvi um monge zen-budista dizer que "Krishnamurti era um sujeito muito escorregadio", já que não propunha qualquer prática meditativa formal. Você oferece uma em seu centro. Há retiros de sete dias que se desenvolvem em silêncio, consistindo de períodos de ficar sentado, de caminhar e um período de trabalho manual. Você dá palestras e também entrevistas chamadas de reuniões para as pessoas que quiserem. A prática de sentar é opcional, mas, pelo que eu observei, as pessoas raramente faltam às sessões de prática de sentar. A atmosfera da sala de sentar, como você a chama, é de consciência vibrante e pureza, a despeito da falta de um altar. A presença de belas plantas verdes em vasos, no centro da sala e em um dos cantos, confere-lhe uma aura definitiva de sala de meditação. A etiqueta é mínima – nada de reverências, nada de *kyosaku*, nada de cantos, quase nenhum instrumento, apenas um sino para sinalizar o fim de um período de sentar ou de caminhar. Durante o caminhar, você pode manter suas mãos em qualquer posição que quiser, mesmo pendendo soltas ao lado do corpo ou no bolso, mas as pessoas movem-se com atento cuidado e uma certa forma parece emergir. Quando descrevi isso para George Bowman, ele comentou: "Independentemente do nome que ela der à coisa, se houver sentar, caminhar, se palestras forem proferidas e entrevistas marcadas, ainda é um treinamento zen." O que você diria a esse respeito?

TONI. Para um passante casual, algumas das formas que você descreveu se adequariam muito precisamente a uma definição de manual de retiro zen. Não obstante, estamos constantemente reexaminando essas formas, e elas mudam. Olhamos especificamente para elas a partir do seguinte ponto de vista: elas fornecem algo que conduz a um retiro tranquilo e que funciona suavemente, ou elas foram mantidas por uma suposição não questionada ou por hábito?

Em nosso informativo, afirmamos que as pessoas podem usar a programação da maneira que desejarem, desde que cumpram sua tarefa de trabalho diário e mantenham silêncio. Casualmente, e a despeito daquilo que você observou naquele retiro em particular, há muitas vezes durante o dia em que só pouquíssimas pessoas estão presentes na sala de sentar. Por outro lado, as pessoas podem sentar-se em qualquer tipo de cadeira, e elas o fazem.

Mas deixe que eu também pergunte novamente: por que é necessário comparar e rotular algo que está acontecendo? Fazemos isso o tempo inteiro. Mas alguma coisa realmente se torna mais clara ao ser nomeada e comparada com outra? O importante é estar diretamente consciente do que acontece na mente enquanto o fato ocorre – estar consciente da comparação, por exemplo, e observar seus efeitos imediatos. No momento da comparação, onde está a consciência? Não foi substituída por um estreito canal de memória que agora se conecta com todos os tipos de ideias, sentimentos e emoções?

Se alguém disser: "Toni ainda realiza treinamento zen" – o que a pessoa realmente tenta transmitir? Por que ela diz isso? Posso especular a esse respeito, mas eu teria de falar com ela diretamente para descobrir.

Se Krishnamurti propõe ou não qualquer forma de meditação, não tem a menor importância para mim. Mais uma vez – estamos realmente compreendendo o que Krishnamurti diz ou estamos projetando ideias e imagens nele por falta de qualquer compreensão genuína?

JACEK. Eu gostaria de fazer-lhe uma pergunta em relação ao próprio sentar. Lembro-me que Genpo Sensei disse recentemente durante um *sesshin* no Maine que havia dois tipos de sentar: exclusivo e inclusivo. O exclusivo baseia-se em vontade e esforço, tem a iluminação como objetivo no futuro e sacrifica o momento presente. É a prática de concentrar-se em um ponto e banir os sentidos e o mundo. Pode haver nela uma indagação (*koan*) ou não (mantra ou visualização). Isso pode levar a uma experiência de *kensho*,* mas a natureza da mente humana é tal que ela se fecha, e você começa tudo de novo, e este processo é repetido eternamente. A prática inclusiva, por outro lado, é sentar sem esforço, abraçando o momento presente, observando qualquer coisa que surja no momento, sem quaisquer propósitos e nenhuma imagem de iluminação futura. É "apenas sentar", *shikantaza*, como os japoneses a chamam, sem nenhum objetivo nem indagação. Agora, você parece propor o modo inclusivo de "apenas sentar", sem indagação violenta como "*mu? mu?*" ou "*quem? quem?*", mas, mesmo assim, com alguma indagação, ou pergunta íntima, ou pensamento, como "O que é?" ou "De que se trata?". Você concorda?

TONI. Eu realmente não proponho nada. Quando as pessoas procuram um retiro silencioso, questionamos imediatamente o que acontece na mente. Por que alguém procurou esse retiro? O que ele quer? É fácil dizer: "Não tenha nenhum objetivo, apenas sente tranquilamente, abraçando o momento presente, sem pensamentos de iluminação." Mas isso é o que realmente acontece? É preciso olhar!

No momento em que alguém senta quieto e presta atenção por breves períodos seguidos, não surge o pensamento de querer alguma coisa e de conseguir alguma coisa? Acontece. Fomos condicionados dessa maneira desde a primeira infância e vimos isso nos outros desde que podemos lem-

---

* *Kensho*: estado mental próximo à iluminação. (*N. do R. T.*)

brar. "Faça alguma coisa. Seja alguém. Vá a algum lugar." Ou "Fique quieto. Pare de ficar se remexendo. Não faça isso. Não pense. Não queira isto ou aquilo. Apenas esteja no momento".

É possível haver consciência dessa torrente fluida de pensamentos, ordens, reações, desejos, objetivos, sem julgamento, sem reação nem a favor, nem contra? Enquanto eu estiver envolvida naquilo que quero ou que não deveria querer, o querer em si não entra na consciência. O querer está apenas seguindo seu curso habitual. O que *é* querer? Podemos ver isso?

Você pode ver a diferença entre querer alguma coisa e o processo real de querer como se manifesta através da mente e do corpo? Eu sempre volto a esta questão: pensamos como a mente realmente funciona a cada instante e, caso afirmativo, podemos começar a escutar tranquilamente, em toda simplicidade?

Isso responde a sua pergunta?

JACEK. Parcialmente, porque eu gostaria que você especificasse que tipo de indagação você defende, já que defende o questionar e indagar.

TONI. Eu não *defendo* qualquer tipo de questionamento ou indagação, mas estou indagando. Você, ou qualquer outra pessoa, pode participar disso – está aberto a qualquer um.

JACEK. Como alguém deve realizar o questionamento?

TONI. É possível haver consciência neste instante em que o cérebro pede um *como* – um método para nele se agarrar? Você vê? É possível haver observação simples e tranquila, escuta silenciosa para o que está realmente acontecendo neste instante?

Ouça! Há respiração, não é? Vamos apenas escutar tranquilamente, por um momento. As inspirações e expirações não precisam ser contadas, não precisam ser chamadas de "inspiração e expiração", não precisam que nos concentremos nelas. A respiração não precisa ser conhecida de maneira alguma. Apenas simples escuta. Não dizer para si mesmo "Estou respirando" ou "Estou consciente de minha respiração" ou "Eu sei o que é", mas escutar sem palavras, internamente, sem saber.

Isto é algo separado do som dos pássaros? Um carro? Um avião? No momento em que "sabemos" o som, no instante em que o cérebro reage, nomeando-o, com gostar ou não gostar, há uma separação – muitos sons separados, e *eu* separado daquilo que ouço. Você pode perceber?

Escute de novo – apenas abertura sem saber.

JACEK. Sim, isso está claro – a mente que observa, sem saber. Mas a pergunta é que tipo de questionamento pode ocorrer?

TONI. Eu não sei que tipo de questionamento é. É apenas questionamento, pensar, indagar, escutar de modo aberto. Não há um método determinado! No momento em que você encontra uma técnica, você apega-se a ela, e não haverá mais qualquer escuta aberta. A mente agarra-se aos métodos porque encontra segurança neles. O verdadeiro questionamento não tem métodos, não tem saber – apenas pensar livremente, vulneravelmente, sobre o que realmente acontece do lado de dentro e de fora. Não a palavra, não a ideia disso, não a reação a isso, mas o simples fato.

A ansiedade surge... a pessoa reagirá imediatamente ao "conhecer" isto de experiências prévias e lutar contra ela? "Oh, não isso de novo – eu detesto isso –, e vai ficar pior, como é que eu posso me livrar disso?" e assim por diante. Simplesmente encontrar com ela como se fosse a primeira vez, prestando atenção tranquilamente, sentindo-a, deixando que ela se mova sozinha, revelando-se pelo que é sem nenhuma interferência do cérebro.

JACEK. Seu último livreto traz o título *Seeing Without Knowing* [Ver sem saber]. Um certo mestre zen frequentemente utiliza as expressões "mente que não sabe" e "ver claramente", mas ele insiste que ver claramente não pode ser atingido sem a prática do *koan*. Agora, você diz que todos os sistemas condicionam a mente. Você trabalha com as pessoas, permitindo-lhes trazer seus problemas cotidianos e trabalhar neles – os *koans* de suas próprias vidas –, e trabalha observando conjuntamente, mas você não acha que pode emergir certo jargão ou condicionamento do Springwater Center neste processo?

TONI. Claro que pode. E acontece! No que diz respeito à afirmação de que somente pelo estudo do *koan* pode haver uma visão clara, como é que alguém pode saber? Por que alguém faz uma afirmação dessa? Em que base?

Se alguém foi treinado com a prática de *koan*, defenderá esse método, e se recebeu um treinamento diferente, defenderá esse outro. Nós propagamos aquilo que supomos saber. É seguro. Mas a verdade não pode ser conhecida. É tão simples assim. Compreensão, verdade, clareza, iluminação – independentemente da palavra que você atribua para o que é inominável – não é efeito de qualquer causa. Não há método, não há treinamento. Não se relaciona com a mente condicionada, treinada. Então, por que condicionar a mente das pessoas dizendo "Cumpra esta prática para atingir a iluminação"? Todos nós queremos clareza, segurança e experiências maravilhosas porque nos sentimos completamente vazios, inseguros e assustados. Enquanto estivermos com medo e querendo, estaremos totalmente vulneráveis a programas e explorações sempre novos.

JACEK. Sim. Pareceu-me engraçado que esse mestre zen tenha alcançado a iluminação (ele escreve sobre isto num livro) cantando um *dharani*,* mas parece que, para ele, a ferramenta mais valiosa, no fim, é uma que funciona para a maior parte das pessoas e, em sua opinião, é o treinamento *koan*.

TONI. O que é um *koan* – o que significa trabalhar num *koan*? Se o *koan* for apenas uma única palavra como *mu*, trabalhar nele significa verbalizá-lo (audivelmente ou inaudivelmente) na expiração, tentar ficar totalmente absorto nele até a exclusão de tudo mais, até o ponto do autoesquecimento, usando-o para excluir movimentos distraidores ou perturbadores da mente – esforçando-se duramente para não largá-lo, nem de dia nem de noite. Trabalhando dessa maneira, está claro que a mente não está num estado de atenção aberta e não dirigida.

Outros *koans* são afirmações, descrições ou diálogos incompreensíveis e causam perplexidade a nosso modo de pensar condicionado e fragmentado. A mente pensante não pode ganhar compreensão deles. Muitos *koans* são a própria expressão de uma mente em que as ilusões do pensamento egocentrado são reveladas claramente e banidas. A beleza de um *koan* é a beleza da mente sem a limitação do "eu". Pen-

---

* *Dharani*: pequenas escrituras com sílabas de significado simbólico, geralmente mais longos que os mantras. Muito usadas no tantrasmo tibetano. (*N. do R. T.*)

sar sobre ele não pode tocá-lo. Então, a questão é: é possível um *koan* ser visto e compreendido diretamente, sem qualquer sentido de dualidade, divisão? Desta maneira, ele revela seu significado.

Nosso modo de viver, desde tempos imemoriais, tem sido uma série de incidentes contraditórios, desconcertantes, incompreensíveis, criados por uma mente fragmentada, fechada em si mesma, condicionada. Com exceção de breves momentos de prazer e alegria, existimos em conflito, disputas, violência e sofrimento indizível e, ao mesmo tempo, ansiando por paz, harmonia e felicidade para nós mesmos. Não compreendemos claramente a causa que está na raiz deste dilema. O que é? Pode ser resolvido? Esta questão nos afeta profundamente? E, se o faz, haverá a energia necessária para descobrir isso? É possível começar a observar como realmente pensamos, falamos, reagimos, manifestamos emoções e correlacionamos na realidade e na fantasia?

Quando a mente se encontra num estado agudo de questionamento, não sabendo, que diferença faz se é um *koan* que está sendo questionado ou se é este exato instante da realidade? O que importa imensamente é ver, não qualquer objeto do ver.

Observo com o trabalho do *koan* em mim mesma e nos outros que ele se encaixa profundamente em nossos programas já condicionados. O *koan* é utilizado como um meio para obter um fim. Também pode ser usado para ter alguma coisa a fazer durante a prática de sentar – algo para ocupar a mente em vez de enfrentar as dificuldades presentes. Um professor zen disse-me uma vez: "Se as pessoas não tivessem *koan*s subsequentes para trabalhar depois de passar o primeiro, elas abandonariam o centro." O que é esta mente, o que é este instante quando não há nada a fazer, nada por que ansiar, nada para se segurar?

Ao trabalhar com *koans*, reparamos seriamente e continuamente nos sentimentos de realização e orgulho que podem ser gerados ao passar um *koan*? Estamos conscientes disso? O trabalho em *koan* possui um sistema embutido de recompensas. Ele conecta-se com nossos sentimentos antiquíssimos de sucesso e fracasso. Continuamos a depender do professor que nos passa ou reprova? Estamos admirando o professor e os alunos mais antigos que já passaram todos esses *koans*?

É possível ver os sentimentos emergentes de elitismo? De ter alguma coisa que os outros não têm, ou de não ter o que os outros têm? Há ambição e competitividade entre os estudantes do *koan* – comparações sobre quem passou quais e quantos *koans*? Essas comparações se dão igualmente entre alunos e professores. Isso acontece quando ficamos envolvidos em qualquer sistema. É possível tornar-se consciente disso em toda simplicidade e humildade e acabar com isso? Se não, o egocentrismo, a disputa, a violência e o sofrimento persistirão independentemente de quantos *koans* forem decifrados.

Então – independentemente de o trabalho ser um *koan* ou qualquer outro problema –, a mente está claramente consciente dessas armadilhas?

JACEK. Você acredita que nossos problemas pessoais possam nos levar para além de nossos egos, para aquele ponto de silêncio e vazio para o qual os *koans* deveriam guiar-nos?

TONI. Nosso problema pessoal *é* nosso ego pessoal, e ele conduz-nos em círculos. O vazio e o silêncio não são um lugar a ser alcançado por métodos. Nada pode levar a isso. Estados mentais de tranquilidade e vazio podem ser induzidos por meio de diferentes práticas, mas não estamos falando sobre tranquilidade e vazio induzidos.

Algo inteiramente novo emerge quando o cérebro, juntamente ao resto do organismo, não está mecanicamente engajado em querer, esforçar-se, comparar, temer, suprimir, atingir, advogar, defender, seguir, acreditar e assim por diante. Não se trata de livrar-se desses movimentos, mas de ver sem sombra de ilusão o que está realmente acontecendo do lado de dentro e de fora.

É possível que a mente, vasta como um rio em movimento, diminua sua velocidade, chegue a parar? Não praticar para pará-la, mas *ver o que está nela* e cessar de ser carregado por ela? Se nós, seres humanos, não compreendermos a nós mesmos livremente, profundamente, a cada instante, não haverá qualquer relacionamento inteligente, amoroso e compassivo entre nós. A divisão e o sofrimento persistirão. Está claro?

JACEK. Sim. Obrigado. Agora, a próxima pergunta. Algumas pessoas da ortodoxia zen rotulam-na de herética, espiritualmente confusa, desorientada, ingrata e arrogante, e acusam-na de roubar as ferramentas de seu ofício e tentar superar até mesmo os maiores iconoclastas do passado. Elas podem alegar que você propõe a forma mais baixa de zen – não visando a autorrealização. O que você diria sobre tudo isso?

TONI. Eu não sei o que dizer. De que as pessoas me rotulam e o que dizem a meu respeito é problema delas. Nós amamos falar sobre outras pessoas, rebaixá-las ou enaltecê-las. Por quê? É possível observar, enquanto fazemos fofoca, elogiamos ou criticamos, o que em nós anseia por fazê-lo, por que isso nos dá sensações tão satisfatórias e excitantes, de nos sentirmos superiores enquanto colocamos outra pessoa para baixo? Que bem há nisso? Não tento esquivar-me de sua pergunta – portanto, se você quiser levantar novamente algumas dessas questões, responderei a elas.

JACEK. Sim. As pessoas põem você para baixo dizendo que esse tipo de prática não visa a autorrealização.

TONI. O que as pessoas querem dizer com "autorrealização"? Uma poderosa experiência que vai resolver nossos problemas cotidianos? Acordar para um estado de nirvana, felicidade, êxtase? É isso que as pessoas acreditam que seja? Fazem-me perguntas sobre isso o tempo inteiro. Todos nós lemos muitos relatos de experiências de iluminação, e queremos essa mesma experiência para nós mesmos. Daríamos qualquer coisa por isso, praticaríamos qualquer método, seguiríamos qualquer professor.

O que é a autorrealização senão a percepção imediata, a cada instante, dos processos da mente humana? É possível ver instantaneamente e compreender diretamente o medo e o querer – não apenas a sensação presente deles, mas ver a causa que está na raiz e as consequências inevitáveis que seguem? Não pensar ou especular a esse respeito, mas uma consciência penetrante que bane aquilo que é visto? Este ver, esta abertura indivisa, não tem nada em comum com qualquer experiência. Não há experimentador nele – nenhum realizador, nenhum recipiente de qualquer coisa. É algo inteiramente novo e não conhecível.

JACEK. Você diria que o que faz é "meditação natural"? Não consigo encontrar agora uma palavra melhor para meditação... um processo natural pelo qual você quer se livrar de todos os embelezamentos, todas as técnicas e todas as formas tradicionais, permitindo simplesmente que o processo natural de tornar-se consciente aconteça?

TONI. Sim. Mas você ainda está tentando representar a si mesmo, conceitualmente, o que Toni está fazendo... é isso que está acontecendo? Você precisa averiguar se isso acontece.

JACEK. Eu o faço para o bem desta entrevista.

TONI. É somente por causa da entrevista? Tenha cuidado para não responder rápido demais, mas veja se não há uma segurança tremenda quando rotulamos alguma coisa, quando sabemos alguma coisa, quando sentimos que estabelecemos um tipo de ordem. Mas é apenas a ordem das palavras!

Sua pergunta era: você está fazendo "meditação natural"? Eu não sei o que você quer dizer com "natural". Eu não sei se podemos ser naturais. O que *é* isso? Tem-se abusado bastante desta palavra hoje em dia, não é?

O que impede o fluxo de viver amorosamente, inteligentemente, compassivamente? Há algum interesse? Isto será averiguado?

JACEK. Recentemente, você decidiu retirar até a palavra *zen* do nome de seu centro e usar simplesmente o nome Springwater Center. Você acha que, ao fazer isso, rompe seu último vínculo com seu antigo professor e os patriarcas zen?

TONI. Os vínculos com a tradição e os professores foram rompidos muito tempo atrás. A razão pela qual a palavra *zen* foi retirada foi que, embora a estivéssemos utilizando, digamos, de uma "maneira genérica", ela continuava a ser um "nome de marca". Na cabeça de muita gente, zen associa-se firmemente a sua tradição específica, com o budismo, com padrões culturais japoneses, ou apenas com algo "oriental". Ou há apego ao nome e ao que representa, ou as pessoas nem sequer querem vir a este lugar por causa de suas associações negativas com o zen. Acontece que, muito embora tenhamos registrado nosso nome simplesmente como Springwater Center, acrescentamos "para indagação meditativa e retiros" sempre que necessário. Springwater, que significa "água nascente", é o lugar, geograficamente, onde o centro está localizado. Com esta palavra bonita, não precisamos procurar por qualquer outra.

JACEK. Toni, posso ser um entrevistador maligno e agressivo, mas estou realmente curioso. Você vai continuar a ler Huang-po, que parece ser seu preferido entre todos os mestres zen, em sua nova fase?

TONI. Eu não sei o que vou fazer em palestras. No passado, no último dia de retiro, eu lia Huang-po. Nos últimos retiros, não fiz isso. Não posso antecipar o que vai acontecer no futuro.

JACEK. Eu gostaria de voltar para a questão do *koan*. Você diz que todos os sistemas *koan* condicionam a mente. Você trabalha com as pessoas, permitindo-lhes trazer seus problemas cotidianos e trabalhar neles – os *koans* de suas vidas diárias –, e vocês trabalham observando isso conjuntamente. Mas você não acha que pode emergir certo jargão ou condicionamento do Springwater Center neste processo?

TONI. Pode. Quando não há atenção imediata, a mente move-se automaticamente por trilhas conhecidas. E está sujeita a novo condicionamento. É assim.

Estamos apenas *falando* sobre ver, ou estamos realmente *vivendo* com atenção e cuidado amoroso? Se esta for uma questão vital, então, haverá a energia para ver, escutar e descobrir por si mesmo.

JACEK. Em anos recentes, várias professoras têm transformado radicalmente o estilo de ensino autoritário e de dominação masculina existente dentro das tradições budistas. Você o abandonou completamente. Isso coincide com a emergência do lado feminino reprimido na mente do povo americano. Você compartilha a crença de Soen Sa Nim de que, num futuro próximo, as sociedade ocidentais serão governadas e dominadas por mulheres [ambos riem]... inclusive os ensinamentos espirituais?

TONI. Eu tenho opiniões, mas não gosto de entrar em opiniões aqui – acho que está fora de questão. Não estou predizendo o que o futuro trará. A não ser que ocorra uma profunda mudança dentro de nós neste exato momento, o futuro será bem parecido com o que está acontecendo hoje e aconteceu no passado. Quem domina quem é algo que se alterna, mas é possível discernirmos dentro de nós mesmos o tremendo ímpeto de dominar ou de ser dominado? Independentemente de sermos homens ou mulheres, podemos fazer a mesma pergunta: de onde vêm as nossas ações e reações?

Vivemos dentro de imagens culturalmente condicionadas de "homem" e "mulher", "masculino" e "feminino"? Estamos tentando substituir velhas imagens por novas? Falamos ou agimos movidos por raiva e ressentimento, reagindo ao fato de sermos oprimidos por outros, ou de oprimirmos outros?

É possível a ação resultar de absolutamente nenhuma imagem – apenas a plenitude do ser que inclui ambos, o masculino e o feminino? Todas as revoluções passadas perpetuaram os padrões gerais do poder, do domínio e da submissão de uma maneira ou outra, não é? Então, ao tentarmos fazer algo inteiramente novo, apenas reagimos a velhos padrões, que garantirão sua continuação numa nova forma, ou a ação provém da clareza do não apego a qualquer padrão, apenas vendo claramente o que precisa ser feito?

JACEK. Não reagindo...

TONI. Não reagindo! Quando há desatenção, automaticamente reagimos a partir das preocupações limitadas de nosso próprio ponto de vista fragmentado.

JACEK. Agora, todo esse assunto leva naturalmente à próxima pergunta. Não somente mulheres têm desafiado o estilo excessivamente "machista" do treinamento zen, o estilo no qual, como George Bowman diz, "você range os dentes e endurece o coração". Há vários professores zen, homens, que ensinam de um modo gentil, preocupando-se verdadeiramente com seus alunos. Eu estou pensando aqui em vários outros professores com os quais entrei em contato. Tampouco quero especular demasiadamente sobre o futuro, mas parece que esta é a fase subsequente à primeira, que frequentemente foi tão triunfantemente hipócrita e autoritária.

TONI. O autoritarismo e o farisaísmo emergem e voltam a emergir sempre que há desatenção. Quando há desatenção, o ego funciona automaticamente, de forma egocentrada – isso pode ser observado. Amor e preocupação não estão ligados ao gênero. Amor e preocupação não são propriedades da mulher ou do homem – não fazem parte da personalidade condicionada. Se for um padrão de comportamento aprendido, então, não é amor. Qualquer preocupação e gentileza *condicionadas* podem modificar-se para violência e ódio quando as circunstâncias mudarem. O que já foi "amor" agora virou ódio e ressentimento. Acho que todos nós podemos observar isto dentro de nós mesmos e uns nos outros. Amor e preocupação absolutos não dependem de condição ou treinamento, nem de ser homem ou mulher. Florescem na ausência do "si".

JACEK. Então, você não concordaria com C. G. Jung, que costumava dizer que a compaixão tem suas raízes no feminino? Ele indicava que, na maior parte das tradições, o culto da deusa mulher ou *bodhisattva** era necessário para complementar o culto do lado masculino. Muitas pessoas hoje em dia dizem que a energia feminina reprimida está aflorando porque vivemos numa era desequilibrada, hiperracionalizada, ditatorial e violentamente repressiva em que a compaixão e o amor são absolutamente necessários em nossas relações, caso queiramos sobreviver neste planeta. Evidentemente, a compaixão não tem gênero, evidentemente, foram homens que criaram muitos desses cultos do feminino, temendo a hipermasculinização de sua religião, mas, mesmo assim, parece verdade que esse lado gentil, sensitivo e compassivo seja feminino em caráter, embora aja tanto nos homens quanto nas mulheres.

TONI. O que você quer dizer quando diz que é "feminino em caráter"?

JACEK. É atribuído.

TONI. Por que se diz que gentileza e compaixão são femininos em caráter? Está se explicando um conceito com o auxílio de outro? O que é feminilidade? O que é compaixão?

Algumas das mais belas esculturas das tradições budista e hindu não podem ser definidas como masculinas ou fe-

---

* Ser iluminado que renuncia ao nirvana para ajudar os outros. (*N. do R. T.*)

mininas. Expressam algo além das imagens estereotipadas. E, não obstante, uma estátua é uma imagem. O que é a compaixão por trás de todas as imagens?

JACEK. Uma pergunta diferente. Você acha que é possível transcender uma determinada tradição e, ainda assim, agir de dentro dela? Isto não é o que Bankei ou Sri Ramana Maharshi fizeram? Alguns dos antigos mestres zen itinerantes chineses parecem ter uma abordagem similar. Você acha que seu jeito de abandonar a tradição é o único caminho?

TONI. Eu não sei realmente o que Bankei, Ramana Maharshi ou os monges itinerantes chineses fizeram. Eu posso ler suas palavras, mas o fato de eles terem abandonado ou não a tradição não é problema meu. Frequentemente me fazem observar que, se os grandes professores de verdade não abandonaram sua tradição, eu tê-la abandonado mostra em mim grande arrogância e ingratidão. De que servem comparações? Elas não nos afastam instantaneamente do trabalho que temos à mão?

Se for realmente preciso descobrir a causa da divisão, da violência e do sofrimento humanos, não se tem que trabalhar com as mãos vazias, livres da acumulação de qualquer tipo de conhecimento? Tradição é conhecimento acumulado. Uma mente que vê não sabe: compreende a limitação de todo conhecimento.

Você pergunta se eu sinto que meu jeito de abandonar a tradição é o único caminho. O que você quer dizer com "caminho"? Não é um caminho "daqui" para "ali". Eu não abandonei a tradição como modo de protesto ou de princípio, mas porque qualquer tipo de autoridade, qualquer tipo de doutrina, qualquer adesão ao que é conhecido, lembrado e estimado não revela a verdade. Não há caminho para isso. Portanto, também não há um "único caminho". A verdade não é encontrada esforçando-se para atingir um objetivo no futuro, mas tem a ver com questionar, pensar e ver *o que é* este instante. E...

JACEK. E não sabemos aonde isto vai nos levar.

TONI. Não sabemos. Não sabemos. No momento em que ficamos preocupados com aonde isso nos leva...

JACEK. É uma resposta fictícia...

TONI. Sim, e não há consciência do que está acontecendo exatamente agora.

JACEK. Não há disposição em soltar-se.

TONI. Há o escape para a fantasia sobre o futuro. Então, eu não estou envolvida em comparar o que nós estamos fazendo aqui com o que outras pessoas estão fazendo. Se outras pessoas desejarem comparar, isto é uma questão delas, mas é possível detectar a comparação na mente e ver os efeitos da comparação em nossa vida diária, em nossas relações? Enquanto eu me comparar a você, com uma *imagem* que tenho de você, como poderei estar em contato direto com você?

JACEK. Obrigado.

Posteriormente, Jacek escreveu:

Desde que a entrevista foi realizada, várias perguntas surgiram. Você poderia fazer a gentileza de respondê-las em forma de carta?

Posso compreender facilmente que os modos autoritários de divulgar os ensinamentos na maior parte das tradições religiosas condicionam a mente, impedindo-a de questionar e de libertar-se do peso do passado, das visões do futuro e da autoimportância conquistada durante o processo. Contudo, muitas coisas valiosas são transmitidas de uma geração para outra, por exemplo, o modo como sentamos em meditação. A humanidade levou milhares de anos para descobrir posturas adequadas de sentar. Alguns antropólogos alegam que as pessoas começaram a descobrir a meditação durante o período paleolítico superior. Em selos de esteatita encontrados nas ruínas de Mohenjo-Daro, que datam da época da civilização Harappa (na Índia, terceiro milênio a.C.), podemos ver figuras humanas sentadas na posição de lótus com as costas eretas, e os símbolos que as acompanham apontam para algumas experiências de profunda meditação.

Recentemente, dois excelentes professores, índios nativos americanos, organizaram uma oficina de três dias de duração aqui. Devo dizer que fiquei profundamente comovido por sua clareza, inteligência e cordialidade. Os sênecas chamam a meditação de "entrar no silêncio". Por acaso, seu Springwater Center está localizado em antigas terras da tribo sêneca. O "ver sem saber" praticado em Springwater direciona-se exclusivamente a experimentar a liberdade do não ego e viver em harmonia com os seres humanos ou também pode ajudar a ver os modos da natureza, as energias das estrelas, da terra, das plantas, dos animais e dos espíritos, e viver em harmonia com todo o universo como os sênecas tentavam fazer?

Agora, se os membros do Springwater Center começassem a ver os poderes extraordinários das energias da natureza e começassem a conversar com plantas, animais e os espíritos dos antigos xamãs sênecas, você descartaria isso como obstáculos à visão clara ou consideraria útil para viver e morrer neste planeta?

Talvez minha pergunta seja prematura e impossível de ser respondida agora. Então, se nós estamos nos movendo dentro do desconhecido, vamos nos mover dentro do desconhecido e estar com ele!

Caro Jacek,

Quando uma pessoa senta-se tranquilamente, sem se mover, escutando a profundeza do silêncio, faz alguma diferença que posição é assumida, quem lhe ensinou como sentar-se, a que tradição o professor pertence, quão antiga possa ser?

Eu acho que isso não tem importância alguma. O que importa, profundamente, é que um ser humano descubra diretamente, claramente, a enorme profundidade e o peso do condicionamento psicológico que molda e controla cada movimento da mente e do corpo, mantendo-o dividido e em conflito consigo mesmo, com outras pessoas e com o ambiente natural. Não apenas descobrir esse condicionamento, tomar consciência dele a cada instante – enquanto funciona automaticamente, habitualmente, mecanicamente –, mas pensar se sua velocidade pode ser diminuída e pode chegar a parar numa compreensão silenciosa.

Tal questionamento e escuta tranquila não estão dirigidos à obtenção de *qualquer* experiência – seja ela um estado meditativo de felicidade, a experiência do silêncio, liberdade, harmonia, poder, ou ver "os modos da natureza, as energias das estrelas, da terra, das plantas, dos animais e dos espíritos".

Não se relaciona com buscar experiências, mas com descobrir diretamente e desvendar aquele que procura, que medita, que quer, que faz, que experimenta, que guarda, que transmite – com compreensão profunda dos infinitos disfarces da ideia e do sentido de um "eu" separado.

O emergir e o florescer da compreensão, do amor e da inteligência não se relacionam com postura ou tradição, independentemente de quão antiga ou magnífica – não se relacionam em nada com o tempo. Acontecem por si sós, quando um ser humano questiona, reflete, indaga, escuta e vê silenciosamente sem se fixar em medo, prazer e dor. Quando a preocupação por si mesma se aquieta, ficando suspensa, o céu e a terra estão abertos. O mistério, a essência de toda vida, não está separado da abertura silenciosa da simples escuta.

Consciência livre do contexto

Consciência não pode ser ensinada, e quando está presente, não tem contexto. Todos os contextos são criados pelo pensamento e, portanto, são corruptíveis pelo pensamento. A consciência simplesmente lança luz no que é, sem qualquer separação, seja ela qual for.

Cara Toni,

Muito embora eu goste de você pessoalmente, decidi não continuar a trabalhar com você. Quero trabalhar com pessoas dentro de um contexto budista.

Estou ciente que você mencionou, durante o retiro do ano passado, que não era budista e que sua organização poderia retirar a palavra *zen* do nome dela. Eu disse a mim mesmo que isso não tinha importância porque você parecia ensinar budismo de verdade.

Durante o retiro deste ano, e a despeito da hospitalidade das pessoas em Springwater, me senti perturbado por alguma coisa que não consegui identificar. Em parte, acho que foi pela dupla mensagem que vivenciei. Por exemplo, Springwater nega qualquer filiação com o budismo e, entretanto, a maior parte das formas usadas durante o retiro provém diretamente da tradição zen.

Comecei a perceber, particularmente depois do retiro, que eu não sei quais são suas premissas, experiências e obje-

---

Este capítulo contém uma carta dirigida a Toni em março de 1987 e sua resposta.

tivos fundamentais. Qual é o contexto dentro do qual você ensina o trabalho de consciência? Por exemplo, gostaria realmente de saber se você sente essas coisas como verdadeiras: as Quatro Nobres Verdades, o Nobre Caminho Óctuplo, os preceitos, a natureza da forma e do vazio conforme expressados no *Sutra do Coração*.

Parte da mudança em minha relação com você, certamente, provém de minha aceitação do fato de que você não deseja ser identificada com o budismo ou com qualquer outra tradição. No ano passado, projetei em você meu desejo por um professor budista e tentei fazer minha projeção se encaixar. Muito curiosamente, outras pessoas que ouviram suas gravações experimentaram a mesma confusão que eu. As pessoas presumiram que você era budista a despeito de você negar esse fato.

Eu não acho que tudo isso venha de "imagens internas distorcidas", ainda que em parte isso seja verdade. Eu também sinto alguma mudança em você e em suas aulas desde o último verão e quando comparadas com gravações de anos anteriores.

Tudo isto é para dizer que, embora eu não continue a ser membro de Springwater, estimo minha relação com você e gostaria de permanecer em contato.

Obrigado pelo trabalho que realizamos juntos.

Caro _____,

Em sua carta você fala sobre estar perturbado por algo como uma "dupla mensagem" em Springwater: por um lado a negação de qualquer filiação com o budismo e, por outro lado, a presença de almofadas, um bloco de madeira para sinalizar o tempo* e uma programação que inclui reu-

---
* O *han*, ou bloco de madeira, não é mais usado no Springwater Center.

niões e uma conversa, todos parte da forma externa de um tradicional *sesshin* zen.

Não tenho certeza de que você queira alguma explicação de minha parte, mas, não obstante, você levanta essa questão. Então, deixe que eu declare que deixei um centro zen tradicional porque era impossível questionar dentro daquele contexto a totalidade de nosso condicionamento, incluindo as próprias formas e crenças tradicionais. Nós questionamos, sim, as formas que usamos em retiros em Springwater e abandonamos ou mudamos o que consideramos desnecessário ou que precise de mudança.

Você pergunta: "Qual é o contexto dentro do qual você ensina o trabalho de consciência?" Consciência não pode ser ensinada, e quando está presente, não tem contexto. Todos os contextos são criados pelo pensamento e, portanto, são corruptíveis pelo pensamento. A consciência simplesmente lança luz no que é, sem qualquer separação, seja ela qual for.

Você quer saber se eu sinto as Quatro Nobres Verdades, o Nobre Caminho Óctuplo, os preceitos, a natureza da forma e do vazio conforme o *Sutra do Coração* expressa como verdadeiros. Nenhuma formulação, independentemente de quão clara ou nobre, é a Verdade. A Verdade é inexprimível em símbolos. A questão é: é possível um ser humano ver diretamente, compreender imediatamente (o que significa sem mediação alguma) a origem do sofrimento dentro de si? É possível vermos e compreendermos diretamente e imediatamente o que perpetua o conflito e a divisão dentro de nós mesmos e dos outros? É possível vermos e compreendermos diretamente, sem mediação de qualquer tipo, o fim do sofrimento dentro de nós mesmos?

O primeiro passo do Nobre Caminho Óctuplo não é a compreensão correta, livre do sentido de um "eu" separado, um experimentador ou pensador separado? Sem a compreensão certa, como pode haver qualquer fala, ação, meditação etc., corretas? Enquanto o sentido do "eu" nos divide, seguir um caminho ou preceitos perpetua esse próprio "eu".

Por que Buda disse, ao partir: "Seja uma lâmpada para si mesmo. Tome somente a Verdade como seu refúgio"? Por que procuramos refúgio em coisas criadas pelo pensamento e pela memória?

Eu posso estar enganada, mas os seres humanos comunicam-se, comungam entre si livremente e amorosamente apenas quando a mente não está ancorada em qualquer sistema, seja lá qual for – quando há uma reunião de mãos vazias.

Desejo tudo de bom para você.

Apego a grupos

> *Ao enfrentar nossa própria necessidade, profundamente arraigada, de segurança e pertencimento, é possível ver o imenso apego e dependência de grupos e organizações? É possível ver a necessidade de sentir que* **nossa organização**, **nossa** *religião é superior a todas as outras?*

Alguém perguntou durante uma reunião: "Por que você colide com o budismo? Você parece demonstrar que o budismo é apenas como qualquer outra religião, o que claramente não é. Tome, por exemplo, a situação presente no Irã – o terrorismo, a violência e brutalidade que emanam de um país muçulmano. Se fosse um país budista, as coisas seguramente não estariam assim."

Antes de tudo, não há nada para "colidir" nos dizeres de Buda. Seu ensinamento era compreender a si mesmo profundamente, claramente, integralmente – ver a verdade sobre "si mesmo", seu sofrimento inevitável, e ir além. Buda advertia seus ouvintes a não aceitar a palavra falada, nem a tradição, nem o conteúdo de uma escritura, nem a aparente habilidade de outrem, nem a consideração "esta pessoa é nosso professor". "Seja uma lâmpada para si mesmo", foram as palavras de despedida de Buda, "não se dirijam a qualquer refúgio externo. Agarrem-se firmemente à Verda-

---

Este capítulo foi adaptado de uma palestra proferida em julho de 1985.

de. Não procurem refúgio em qualquer pessoa além de si mesmos."

Como isso pode ser criticado?

A questão vital permanece: estamos realmente *vivendo* dessa maneira?

Quando este centro foi fundado, a questão era se a compreensão profunda e o entendimento ocorreriam sem um contexto religioso tradicional de qualquer tipo. Era possível abandonar todos os rituais, cerimônias, dogmas, símbolos, estruturas hierárquicas, linhas de transmissão, homenagem ao professor e veneração tradicionais e apenas continuar com o questionamento fundamental e a consciência?

Nosso sentido profundamente arraigado do "ego", do "eu", inevitavelmente cria sentimentos de insuficiência, ansiedade, solidão e insegurança. Conscientemente, ou inconscientemente, sentimos o perigo de nossa separação e isolamento e, portanto, nos agarramos a algo que parece maior e mais estável do que nós mesmos. O apego a algo maior confere-nos uma sensação ilusória de segurança e proteção. Ademais, resulta numa sensação agradável de presunção e orgulho.

Com este processo que se repete eternamente nos seres humanos individuais, a separação da humanidade continua – separação em entidades exclusivas como tribos, nações, religiões, movimentos espirituais e políticos e assim por diante. Tudo isso gera divisão interna e externa, conflito, rivalidade, violência, guerra e sofrimento infinito. Isso tem ocorrido no decorrer de toda a história humana e ainda acontece nos dias de hoje. Olhe para os confrontos sangrentos na Irlanda – não por membros de duas religiões com bases distintas, mas por adeptos mutuamente exclusivos da fé cristã. Olhe para o Oriente Médio, onde os seguidores das três principais tradições religiosas estão cruelmente em guerra, e esses grupos fragmentaram-se em frações ainda menores, que disputam violentamente. Há guerras religiosas acontecendo entre os antigamente "não violentos" hindus, muçulmanos e sikhs. Há uma perseguição violenta à população hindu por parte dos budistas no Sri Lanka. Isso acontece no mundo inteiro, porque nós, seres humanos, nos dividimos em fragmentos nacionais, ideológicos, econômicos, raciais e religiosos.

Inevitavelmente, o sentimento "O grupo sou *eu*" surge com qualquer divisão em grupos. A validade do sentimento é raramente questionada (como a validade do "eu" é raramente questionada). É uma sensação tão real e serve muito bem para iludir-se com um sentimento temporário de permanência, segurança e importância. O "eu" torna-se mais substancial por intermédio do grupo. Se "meu" grupo for atacado, sinto-me pessoalmente atacada. Sinto-me impelida a defender o grupo e retaliar contra o ofensor. Somos até capazes de dar a própria vida pela identidade que nosso grupo nos confere, seja temporal ou espiritual. O cérebro parece estar programado dessa maneira.

Qual é nossa resposta a isso? Aceitamos isso e vamos levando desse jeito? Ou vemos a necessidade urgente de questionar as divisões nacionais, ideológicas e religiosas de qualquer tipo?

A violência particularmente intensa que se acende num determinado país deve-se apenas à tradição religiosa desse país específico? Ou trata-se do simples fato de que os seres humanos são violentos no mundo inteiro? A instituição da Inquisição cristã, com sua avidez por posses e poder e seus brutais encarceramentos e torturas, durou por vários séculos em toda a Europa cristã. A tortura e o assassinato de milhões de seres humanos de diferentes raças, religiões, nacionalidades e convicções políticas nos campos de concentração e prisões no mundo inteiro ainda não chegaram ao fim. Lutar e ferir uns aos outros em nome de uma ideia e identidade, bem como pelo poder e supremacia, é uma doença indiscriminadamente humana, que continua a espalhar-se em todas as partes do globo – ontem num lugar, hoje em outro e amanhã em outra parte. E continuará assim enquanto nós, seres humanos, continuarmos a ser entidades fragmentadas apegadas à autoimagem e à identidade de grupo, que recortam toda a humanidade. Continuará assim enquanto vivermos na ignorância do que estamos realmente pensando e fazendo conosco e com os outros a cada momento. Continuará enquanto permanecermos inconscientes do fato de que nós *somos* os "outros". A mente que é muçulmana, budista, hindu, sikh, cristã ou judia é a mesma mente humana dividida.

Então, o que devemos fazer?

Quais são nossas respostas usuais? É possível observá-las com cuidado? São uma fuga do fato?

Quando rotulamos algumas pessoas de "terroristas muçulmanos", o que isso faz conosco? O medo, a raiva, a violência e o desejo de vingança emergem constantemente em nossas relações diárias? Quando nos tornamos conscientes disso, procuramos imediatamente por desculpas e fugas ou enfrentamos livremente esse fato?

Ao enfrentar nossa própria necessidade, profundamente arraigada, de segurança e pertencimento, é possível ver o imenso apego e dependência de grupos e organizações? É possível ver a necessidade de sentir que *nossa* organização, *nossa* religião é superior a todas as outras? E é possível ver o que isso faz conosco?

A pergunta sempre surge: e o que dizer a respeito *desta* organização? Ela também não gera sentimentos de pertencer, de apego, dependência e divisão?

Sim, pode ser. Nada nem ninguém está isento do perigo de criar apego e dependência.

Ninguém pode abandonar medo, apego e dependência por outra pessoa. Deve acontecer dentro de nós mesmos. Cada um de nós deve descobrir o poder e o perigo incrível do apego. Isto não quer dizer que se deva forçar-se a não ter apegos, mas *ver* o apego e suas causas e consequências, claramente, dentro de si. É possível abandonar isso sem esforço?

A ideia de cortar as amarras traz ansiedade e medo e um forte ímpeto de justificar o apego. O apoio do grupo e a sanção religiosa do apego fornecem-nos a segurança que procuramos.

É possível não seguir tais mecanismos de defesa?

É possível irmos à fonte que está na raiz do medo e da ansiedade, não em busca de segurança, sem saber como tudo vai acabar?

É possível permitir-se uma compreensão total de todo esse processo para dar à luz um novo modo de ser? Um modo que não seja fragmentado?

Quando este centro foi fundado, ponderamos se trabalharíamos sem criar uma nova organização. Parecia que a melhor maneira de evitar as armadilhas das organizações era, em primeiro lugar, a de não ter nenhuma. Mas revelou-se que incorporar e nomear um novo centro era uma necessidade legal. Durante certo tempo, ponderamos sobre evitar criar uma "sociedade". Acabamos por concordar que, por causa da necessidade de apoio financeiro para ter um lugar para meditar, encontrar-se e fazer retiros, e de uma equipe para mantê-lo funcionando, o termo "sócio" se referiria simplesmente a alguém interessado no trabalho e que contribuísse para suas despesas regularmente. Também concordamos que as pessoas que não oferecessem um apoio financeiro regular não seriam excluídas das atividades do centro. Isto é tudo.

É tarefa de cada indivíduo observar com o maior cuidado possível o que realmente ocorre dentro de si no momento em que ele qualifica-se como "sócio" de uma organização. Essa questão é levantada sempre e repetidamente.

O fato de ser sócio conecta-se com uma nova imagem, uma nova identidade que se distingue dos "outros", dos "não sócios"?

O fato de ser sócio implica sentimentos de propriedade? E de partidarismo? A sociedade ou a participação num grupo é utilizada para satisfazer motivações e ambições pessoais? O apego ao lugar, às pessoas, ao professor tornou-se tal que qualquer perturbação da rotina e do hábito constitui uma ameaça ao sentimento de segurança?

É possível questionar tudo isso seriamente, sem partir de qualquer conclusão ou preconceito?

Somente quando não houver divisão, nenhum sentido de "eu", é que o amor e a compaixão poderão existir.

Tradição e desligamento

*O que sou eu, o que é você, o que é cada um de nós
em qualquer lugar deste globo quando todas as imagens,
identidades e tradições são postas de lado?*

Cara Toni,

Eu gosto de entoar cantos, seja em japonês, coreano, tibetano ou inglês, da mesma forma como gosto de cantar ou de dançar. Eu gosto tanto do cheiro do incenso quanto do cheiro da floresta, e fico comovido com a visão de belas imagens de Buda ou de Bodhisattva em museus, como com a arte religiosa de quaisquer tradições ou com belos rostos humanos que refletem uma mente nobre e inteligente. Assim, sinto-me confortável dentro da tradição budista quando ela é vivenciada de uma maneira calorosa e humana, sem a viagem da autoridade e sem intelectualizações desnecessárias, e também aprecio seu ensino questionador e "sem forma", como o de Krishnamurti.

Caro _____,

Acho interessante sua afirmação de que se sente confortável dentro da tradição budista e as razões que você fornece. Eu bem compreendo seu apreço e prazer com a entoação

---

Este capítulo contém extratos de uma carta escrita a Toni em julho de 1986 e a resposta dela.

de cantos, dança, com formas de arte budistas ou outras, a visão de um rosto bonito e inteligente, e o cheiro da floresta. No que diz respeito ao incenso, sua fragrância flutuante e esfumaçada não está associada, na consciência humana, à ideia de sacralidade – memórias de milhares de anos de oferendas queimadas? O que sobra quando as associações do cérebro são vistas claramente e desconectadas?

Há uma diferença entre afirmar seus prazeres e confortos pessoais (ou coletivos) e ver diretamente a devastação que as divisões criaram nesta terra que, de outro modo, seria tão bonita. Essas divisões são múltiplas – nascemos em uma família, um clã, uma nação, uma raça, uma herança linguística, uma crença religiosa e assim por diante. Conscientes do que acontece em cada parte deste mundo em nome da identidade ideológica – seja ela nacional, racial, religiosa ou qualquer outra –, podemos continuar a participar disso?

Não se trata de renunciar a entoar cantos, ao incenso ou imagens, nem de continuar com eles porque são preciosos, agradáveis e confortantes. A verdadeira preocupação é se é possível ver o que nós, seres humanos, estamos fazendo – o quadro inteiro –, mesmo que isso ameace nossas inclinações e apegos pessoais.

Posso achar sinceramente que não estou causando dano a ninguém, e até que ajudo os outros com minhas atividades e identidades privadas e coletivas. Mas qual é a raiz da disputa e do sofrimento intermináveis dos seres humanos, seja em Beirute, na Irlanda no Norte, no Sri Lanka, na África do Sul ou em nosso próprio quintal?

Posso não ficar perturbada ao ver alguém homenagear sua bandeira como eu homenageio a minha, mas posso começar a questionar cada instante do condicionamento humano? Posso estar convencida de que os símbolos e rituais de minha escolha não prejudicam ninguém, mas posso ver a destruição mútua universal e milenar que engolfa os seres humanos em ódio e sofrimento indizível? Não apenas explicar isso, mas descobrir em mim mesma as raízes de sua fonte?

As pessoas dizem para mim: "O problema não é o budismo. É o *apego*." Mas será que haveria quaisquer "ismos" se não houvesse a necessidade de apego?

Como podemos começar a vislumbrar nossos apegos profundamente ancorados enquanto honramos e defendemos tudo o que nós mesmos criamos para satisfazer nossos anseios e afastar nossos medos?

O que sou eu, o que é você, o que é cada um de nós em qualquer lugar deste globo quando todas as imagens, identidades e tradições são postas de lado?

É possível vislumbrar na inteireza incomensurável de toda a vida, mas isto é interpretado e propagado rapidamente em termos da tradição particular com a qual a pessoa se identifica. Esta é a separação! Você pode ver isto? O que sou eu, o que é tudo, quando a tradição cessa de ser a fonte de energia e segurança?

São essas considerações puramente teóricas ou é possível deixar tais questões operar profundamente, gentilmente e livremente – lançando luz em nosso viver no dia a dia, a cada instante?

Sementes de divisão

É possível questionarmos por que precisamos ser algo – budista, cristão, muçulmano, judeu? O que é esse algo? É um pensamento, uma imagem, um conceito sobre si mesmo? Possuir um conceito sobre si mesmo divide, não é?

TONI. Uma sociedade de paz – mas por que "budista"? Por que não podemos nos reunir como seres humanos? Por que temos de nos reunir como budistas tibetanos, *teravadins*, praticantes de *vipassana* ou zen-budistas? Isto ainda é debruçar-se a partir de dentro de nossas pequenas linhas divisórias.

LENORE. Eu compreendo o que está dizendo, e idealmente, no fim das contas...

TONI. Mas eu não digo "no fim das contas".

LENORE. Você diz agora!

TONI. Faça isso agora.

LENORE. O que você faria agora?

TONI. Abandonar as coisas!

LENORE. Como é que você faz isso?

TONI. Eu só posso fazer isso por mim mesma. Não por outra pessoa. Talvez, ao falar com pessoas que queiram descobrir sobre si mesmas, que já estejam profundamente per-

---

Esta conversa aconteceu durante uma entrevista realizada por Lenore Friedman com Toni Packer em novembro de 1983. A discussão era sobre o trabalho de Lenore com o Buddhist Peace Fellowship [Sociedade de Paz Budista].

turbadas pela divisão, a renúncia às identidades separadas possa acontecer. Então, não precisamos estender as mãos por cima de muros, porque *não há* muros.

LENORE. Parte daquilo tão importante para aqueles dentre nós que trabalham desta maneira são as coisas que aprendemos da tradição budista, que nos ajudam a *não* perceber fronteiras, *não* perceber barreiras.

TONI. Você pode dar um exemplo? O que você pode aprender de uma tradição – você não está se referindo à aprendizagem intelectual, está?

LENORE. Acho que eu quero dizer...

TONI. É algo ideacional?

LENORE. Certamente, não é *apenas* ideacional. Mas há um apoio ideacional de, por exemplo, não dualidade.

TONI. Você aprendeu isso?

LENORE. Espero que sim. Bem, estou *aprendendo* isso.

TONI. Isso está aqui? Está aqui *agora*?

LENORE. Permeou muito do trabalho que fizemos – ou, pelo menos, era para isso que trabalhamos: para ver, a cada momento, quando a dualidade surgia e descartá-la.

TONI. Mas você percebe que a dualidade surge com o fato de você se chamar de budista?

LENORE. É obrigatório?

TONI. Como você pode evitar isso? Também há católicos, protestantes, muçulmanos, judeus, hindus, sikhs, e a luta está acontecendo exatamente agora, no mundo inteiro. Como você olha para essas confrontações que acontecem em toda parte, a matança em nome de "minha" religião e "sua" religião?

LENORE. Isso parece uma total violação da própria essência da religião.

TONI. Mesmo assim, isso está acontecendo. Acontece desde o surgimento dessas divisões.

LENORE. Você vê *perigo* no que fazemos?

TONI. Sim, na medida em que reforça, apoia ou mantém de alguma maneira minha identidade de ser "isto" em contraposição a "aquilo". Todas as autoimagens desse tipo separam e dividem.

O que pretendo descobrir é: *o que é paz?* Existe realmente um estado como a paz? A paz verdadeira. Harmonia. Inteireza.

Quando está presente, você não precisa juntar-se a um movimento tentando pacificar as facções. Facções não podem ser pacíficas. Quando você está separado, não pode haver inteireza.

É possível questionarmos por que precisamos ser algo – budista, cristão, muçulmano, judeu? O que é esse algo?

É um pensamento, uma imagem, um conceito sobre si mesmo? Possuir um conceito sobre si mesmo divide, não é? Fragmenta a mente.

LENORE. Que forma poderíamos conceber à *não* fragmentação ou divisão?

TONI. Por que você precisa conceber *qualquer* forma?

LENORE. Bem, porque eu ainda gostaria de trabalhar com essas pessoas! Trabalhamos bem juntos, numa maneira consoante ao que você diz. Mas não precisamos nos chamar...

TONI. Nós *não* precisamos. Eu quero ter muita certeza, a cada momento, observando cuidadosamente, honestamente, da identificação colateral, de qualquer tipo, que me sujeita psicologicamente. Porque isso submete alguma coisa; veja por si mesma.

Se você perceber profundamente que você é toda a humanidade, então, independentemente da pessoa com quem trabalhar, você trabalhará com toda a humanidade! Todos nós temos esta mesma mente – a mente dos ideais, da esperança e dos medos, do esforço e da ambição, dos objetivos e das frustrações, de raiva e gentileza – toda a torrente do ser. É possível alguém – um ser humano – realmente ver isto claramente, instantaneamente? Esse ver, essa percepção, não tem dualidade, não tem divisão. Nenhuma divisão num ser humano – o que acontece quando este entra em contato com outros?

Mas, enquanto eu procurar você na condição de budista e você for uma católica, já há uma divisão. Oh, podemos estender as mãos por cima da barreira e chamarmos uns aos outros de irmãs e irmãos e, não obstante, ambas vamos manter nossa identidade, porque não podemos nos desfazer dela. Essas divisões são as coisas que nos explodem. A bomba nuclear é apenas um efeito colateral de tudo isso.

LENORE. Eu sei que isto se aplica àquilo que faço – com a Sociedade de Paz Budista –, que o mesmo princípio se aplica.

TONI. Sim. Pelo menos, eu questionaria: "Estou contribuindo para esta torrente de divisão e separação?" Você só pode responsabilizar-se pela ação pacífica dentro de você, que exige uma tremenda quantidade de observação interior honesta. As pessoas realizam vigílias voltando-se para o prédio das Nações Unidas. Por que você precisa sentar naquela direção específica? Se você não estiver sentada em *todas* as direções, o que significa *nenhuma* direção, trata-se de uma abordagem fragmentada para um problema fragmentado.

LENORE. Você realmente acredita que eles sentiam-se sentados apenas para uma direção?

TONI. Bem, do ponto de vista físico, estavam. Não sei o que representava para cada indivíduo. Nos relatos, li que estavam bastante conscientes de si mesmos, sentados ali na calçada com todas as pessoas passando, conscientes de suas posturas eretas e da impressão causada nos transeuntes, talvez esperando algum efeito. Tudo isso é dualismo, um reforço do pensamento egocentrado. A mente é tão enganosa! Colocamo-nos numa nova postura e posição, e a mente do macaquinho continua seu antigo trabalho.

LENORE. Não é perfeito, mas...

TONI. Voltando para aquilo que você está tentando fazer – e você está tentando trabalhar não apenas superficialmente, porém profundamente... Deixe que eu pergunte: esse trabalho que vocês realizam juntos – esse trabalho pela paz – realmente impele o ser humano a questionar profundamente o que é paz e o que é guerra dentro de si mesmo? E a conexão entre a pessoa e "o mundo"?

LENORE. Eu espero que sim.

TONI. Mas essa é a *preocupação predominante*? Porque é aí onde a guerra se origina: dentro de si mesmo. Não é apenas um fenômeno de massa "lá fora": *nós* fazemos isso! Nós somos a causa disso. Se isto não for claramente compreendido dentro de si mesmo, como é resolvido no nível global? É dentro de si mesmo que o trabalho tem de acontecer, principalmente.

LENORE. Esse é o único lugar?

TONI. Esta pergunta surge frequentemente – eu preciso ser perfeita antes de poder trabalhar com outras pessoas? – e, evidentemente, isso é absurdo. Trabalha-se, independentemente de ir a uma reunião de uma sociedade pela paz, ficar com as crianças ou realizar outra tarefa. E quando trabalhamos ou descansamos, há uma clara consciência de como pensamos, sentimos, nos apegamos, identificamos, prejulgamos e estereotipamos as pessoas e assim por diante?

LENORE. E se tivéssemos esses questionamentos rolando o tempo inteiro?

TONI. Você está perguntando: "Então, faz diferença se estamos sentados em círculo ou na frente da ONU?" Estou perguntando: "Será que nós, enquanto estamos sentados, também estamos plantando as sementes da divisão ao identificar-nos com um grupo?"

LENORE. Eu não sei a resposta a essa pergunta. Gostaria de mantê-la como um questionamento.

TONI. Sim. Este é o caminho. Se a respondermos, então, não a reteremos como questionamento.

Mágoa e defesa

> *Quando há mágoa, é possível a energia acumular-se em consciência indivisa – muito, muito quieta, aberta, indefesa, vulnerável? É uma descoberta incrível, quando essa consciência tem a oportunidade de operar livremente. Não é necessário defender-se! O que é magoado e defendido é a memória!*

Um dos problemas recorrentes de todo ser humano é a mágoa: magoar-se, já ter sido magoado antes, o temor de ser magoado de novo e todas as medidas defensivas que o cérebro e o organismo tomam para protegerem-se de mágoas passadas, presentes e futuras.

Nenhum retiro termina sem que questionemos, com toda a paixão e a intensidade: o que fica magoado quando nós nos magoamos?

É possível examinarmos todo o processo de ficarmos magoados, com um senso de grande premência, exatamente enquanto isso acontece, questionando o que está ocorrendo, permanecendo com ele, permitindo que se elucide e se revele completamente? No momento em que somos magoados, é possível observação e escuta instantânea?

Contudo, magoar-se continua grandemente *in*questionado e, com isto, surgem a defesa e a proteção automáticas contra a mágoa. Existe medo de enfrentar tudo isso diretamente no momento em questão? Ou, às vezes, existe uma sombra de consciência daquilo que está acontecendo? Tal-

---

Este capítulo foi adaptado de uma palestra proferida em abril de 1989.

vez haja, mas será que é imediatamente seguida pelo pensar e sentir: "Eu não quero estar em contato com toda essa coisa dolorosa"? O temor de enfrentar a mágoa, de viver com a mágoa, de passar por ela, e o medo de magoar outra pessoa enquanto estivermos enredados em nossa própria mágoa mantêm o corpo-mente preso na dor e na dormência, em conflito e numa busca incessante de fugas. Então, neste exato momento, é possível consagrarmos a quantidade de tempo e energia que são necessárias para examinar a mágoa?

O cérebro pode dizer "não me sinto magoado neste instante, então, como posso examinar isso?". Não obstante, normalmente a mágoa encontra-se não muito abaixo da superfície. A memória pode evocá-la bem facilmente.

Ao investigá-la, nosso primeiro impulso normalmente é encontrar uma explicação para a mágoa e uma causa. O cérebro está sempre buscando explicações para o que aconteceu e por que aconteceu. Já que esta parece ser sua maneira preferida de investigar, é possível deixar que vá em frente, sem maiores atenções para aquilo que está acontecendo de um modo mais amplo e mais abrangente?

O cérebro não somente anseia por explicações e por encontrar causas, mas também por proteger e defender a imagem que ele construiu do "eu". Ele protege e defende o "eu" encontrando erros em outra parte. É possível ver isto enquanto está ocorrendo? Procurando uma "causa" da mágoa, encontrando uma no passado recente ou remoto, e, então, explicando, justificando, defendendo, censurando, atacando ou retraindo-se numa couraça autoprotetora – tudo isso acontece em pensamento, na fantasia.

O cérebro é capaz de continuar a examinar fitas de vídeo e trilhas sonoras internas por horas, dias ou anos, reprisando o que aconteceu, por que aconteceu, e o que poderia ter acontecido ou deveria ter acontecido em vez disso. Dessa maneira, ele permanece enredado num circuito de fantasia com sua dor, emoção, conflito e retração. Tudo isso faz parte da mágoa. Estamos juntos nisso? É possível olhar cuidadosamente para isso tudo, e não apenas ler a respeito rapidamente?

A consciência de todo o processo consegue abrir caminho através da confusão?

Vamos começar do início. Alguém me critica duramente, e isto me magoa imediatamente. Por quê?

Ser criticado evoca todo tipo de pensamentos e sensações sobre mim mesma na presença do outro – constrangimento, humilhação, rejeição, culpa, sentir-se inútil etc. A pessoa sente-se instantaneamente ameaçada, em perigo, condenada e excluída da segurança, aprovação e amor. (Existem muitos outros sentimentos como raiva e desejo de vingança, mas vamos manter tudo o mais simples possível.) Os pensamentos e as sensações que surgem podem variar de uma pessoa a outra, de um caso a outro, mas eles estão *aí*, afetando nosso estado total de ser.

Agora, é possível ir mais fundo?

Estamos em contato com mágoas, tanto atuais quanto passadas, que são acionadas instantaneamente pela memória, não apenas a memória mental, mas também a memória física, do organismo? Sensações atuais de mágoa automaticamente acessam lembranças dolorosas armazenadas no cérebro e em todo o organismo desde a primeira infância. O cérebro e o corpo humanos acumulam e armazenam essas lembranças indefinidamente, principalmente de modo inconsciente. Ao ativar lembranças antigas, o corpo sente-se exatamente tão atormentado, assustado e zangado *agora* quanto no momento em que esses incidentes aconteceram, anos atrás. A memória evoca tudo isso – é possível experimentar isso diretamente por si mesmo.

Todos nós, sem exceção, fomos magoados muitas vezes quando éramos crianças pequenas, e traços de lembranças dessas mágoas e das circunstâncias e reações que as acompanharam estão armazenados em todo o nosso organismo. Num momento ou outro, uma mãe ou um pai amorosos não estavam presentes quando eram necessários. Num momento ou outro, fomos mal-interpretados, admoestados com raiva, advertidos com ameaças, punidos, constrangidos, ridicularizados ou humilhados. Tudo isso pode sequer ter acontecido diretamente conosco; a impressão pode ter advindo de sentir a violência cometida contra outros membros da família ou da comunidade.

Normalmente, nós, adultos, não estamos conscientes do que fazemos quando estamos com raiva, exasperados ou exaustos. Todos nós tivemos reações violentas programadas em nosso ser desde tempos imemoriais. Perpetuamos automaticamente aquilo que aprendemos a imitar e que armazenamos na memória desde os tempos mais remotos: o tom e a qualidade da voz, os gestos corporais, a expressão dos olhos, o franzir das sobrancelhas e outras expressões faciais. Tudo isso foi condicionado – aprendido através da imitação de muitas fontes, muito tempo atrás, quando nós mesmos ainda éramos crianças. É possível observar crianças mais velhas repreendendo crianças menores exatamente do mesmo modo como elas foram repreendidas.

Assim, ter sido magoado por uma voz alta e raivosa (que é um trauma para o organismo do bebê), ter sido criticado asperamente, forçado a fazer alguma coisa de um modo doloroso ou humilhante, não apenas por familiares, mas por outras pessoas poderosas, toda essa mágoa está depositada na memória física. E não está meramente depositada, mas é sua força operante.

Mágoas também são registradas como assuntos não resolvidos que constantemente tentam emergir de novo. A reação "Olho por olho, dente por dente" constitui um programa profundamente arraigado em nosso repertório de reações automáticas. Assim, magoar-se e revidar a mágoa são sentimentos profundamente geminados. Eles andam juntos. Porém, o importante não é apenas compreender isso intelectualmente – dominar a ideia e explicá-la para outra pessoa –, *porém observá-la diretamente conforme ela opera dentro da gente.* Caso isso não aconteça, nada mudará fundamentalmente. Continuaremos a magoar e ficar magoados.

Estamos examinando a mágoa e percebemos que houve mágoa desde os primeiros dias de nossas vidas. Podemos não nos lembrar conscientemente dos incidentes específicos, mas o fato é que a intensidade da mágoa atual reverbera com os registros de mágoas passadas. É possível que isso alcance a consciência?

Pode-se ficar espantado, em certas ocasiões, de ficar terrivelmente magoado com um incidente insignificante, mas a história inteira de mágoas passadas reverbera na mágoa atual. Manifesta-se *agora mesmo* em todas as sensações, pensamentos, emoções, medos, dores e tensões. É possível ver tudo isso imediatamente, no momento em que está acontecendo? É possível perceber o impacto caótico que um incidente insignificante tem neste mesmo instante? Alguém me critica duramente, e eu acolho a crítica como uma condenação final. Para uma criança indefesa, o contato com uma pessoa violenta e punidora significava algum tipo de condenação, e todas as reações de pânico e defesa que surgiam eram instantaneamente registradas nas células cerebrais e nos tecidos do corpo. Um incidente acontecendo agora e que se conecte com outro, ocorrido no passado, mobiliza instantaneamente todas essas conexões.

É possível haver consciência da totalidade desse processo quando se é atingido? Não fugir da mágoa, pensar *sobre* ela, retrair-se do medo e da dor, mas permitir que a situação se revele, com todos os seus sintomas físicos, sensações, tensões e pressões, pelo que ela é? Não escapar dela, mas fazer uma pausa instantânea para sentir, ver e escutar?

Isso só é possível quando não houver fuga para o complexo sistema de defesa que se desenvolveu com o tempo para nos proteger, ou melhor, para proteger a *ideia* de si próprio. O organismo em si não está ameaçado quando somos criticados severamente, não é? Então, o que é ameaçado? É possível questionar isso instantaneamente? Onde está o perigo? O que protegemos? O problema é autoproteção? É possível que a energia da consciência derrube os muros da defesa?

Conseguimos chegar ao âmago daquilo que fica magoado quando ficamos magoados?

Defesa significa isolamento, a ausência de relacionamento. Não se pode estar bem-defendido e ao mesmo tempo estar sensível, estar em contato íntimo e vulnerável com tudo. Isso está muito claro, não é? Isso se aplica tanto ao ser humano individual quanto à totalidade de uma nação.

Não sabemos, por toda a nossa experiência passada, que não há problema em estar indefeso e que podemos sobreviver a isso. Não sabemos isso. Tudo o que sempre fizemos, ouvimos, observamos e aprendemos da experiência foi defender-nos, não somente num nível físico, mas também psicológico. (Não estamos questionando a necessidade de proteção inteligente do organismo físico. Estamos questionando a necessidade de defesa psicológica.) Não sabemos que podemos existir sem essa defesa. Quando éramos bebês e crianças indefesas, fomos magoados psicologicamente, e as defesas começaram a desenvolver-se de forma automática. Atualmente, vivemos essa gravação como uma fita que passa de modo contínuo – magoando sem fim ou ficando insensíveis para evitar a dor. Aparentemente, o cérebro não diferencia ou não pode diferenciar entre proteção inteligente do organismo e proteção das lembranças acumuladas de si mesmo. Ele mobiliza-se para proteger lembranças da mesma forma como o faz para proteger o corpo de danos físicos.

Então, o que é indefensabilidade?

Quando há mágoa, é possível a energia acumular-se em consciência indivisa – muito, muito quieta, aberta, indefesa, vulnerável? É uma descoberta incrível, quando essa consciência tem a oportunidade de operar livremente. Não é necessário defender-se! O que é magoado e defendido é a memória! É possível ouvir críticas severas com completa atenção, ver e sentir o que fica magoado ou está prestes a ficar magoado e *não* se defender.

É possível chegar a esse ponto além de qualquer explicação e compreensão intelectual? Trata-se *realmente* de ser sem qualquer defesa. Trata-se de morrer para a urgência profundamente arraigada de salvar o "eu", deixando de lado, sem qualquer esforço ou propósito, a defesa que preme para vir à tona por puro hábito. A defensiva não precisa continuar – este é o milagre!

Pode passar a sensação de vulnerabilidade. Nunca aconteceu antes, porque a defesa é tão habitual, tão confiável, embora seja tão isoladora e dolorosa em suas consequências. Contudo, nada de novo pode acontecer enquanto estivermos enredados em defesa e proteção.

Então, examinando-a, pensando sobre ela, é possível haver, no momento da mágoa, a centelha de atenção que desconecta e mantém em suspenso nosso passado automático? Arriscar-se em não saber como vai acabar, mas não se defender. Não desenvolver uma nova técnica – não estamos falando sobre uma técnica. Técnica é a defesa. Em vez disso, trata-se apenas de ser vulnerável sem saber o resultado.

Não há nada para defender. Quando isso se torna tão claro quanto um céu sem nuvem, a vida surge sem a dureza e o atrito das couraças. Somos seres vivos, quentes, amorosos, capazes de ouvir uns aos outros livremente e tocarmos uns aos outros profundamente. Estar em contato completo uns com os outros significa a ausência de toda divisão entre "eu" e "você". É a ausência da mágoa e da defesa. É liberdade.

Liberdade de imagens

É um fato simples que esse trabalho só pode começar individualmente. Quando imagens dominam a mente, motivando nossas ações e criando objetivos daquilo que queremos ser ou tornar-nos, a confusão impera. Como podemos resolver a confusão no mundo se nós mesmos estamos confusos?

Ser mulher ou homem é um fato. Possuir uma imagem de si mesmo como uma "mulher" ou um "homem", também. Não apenas uma imagem, mas uma multidão de imagens. O fato de alguém ser "budista" é uma imagem. O fato de ser "americano" é uma imagem, além de carregarmos documentos quando viajamos ao exterior. Se olharmos com cuidado, o fato de pensar em si como americana, budista e mulher é estar amarrada a imagens, emoções e sentimentos de isolamento.

Antes de partir para vir à conferência, uma mulher que trabalhava na cozinha do Springwater Center me fez uma pergunta. Ela se juntou a nós há pouco tempo e participava ativamente no movimento das mulheres. Ela me perguntou: "O que você dirá a essas pessoas quando você for? Você só falará sobre uma coisa ou outra, ou vai abordar as mulheres – sua opressão nas tradições espirituais e seu rebaixamento na pirâmide hierárquica, como os homens têm considerado que as mulheres são incapazes de ser iluminadas, o que vale para diferentes tradições budistas? Há mulheres que estão

---

Em setembro de 1984, Toni foi convidada para a Conferência do Providence Zen Center sobre Mulheres no Budismo Americano. Este capítulo foi adaptado de um artigo publicado na edição de fevereiro de 1985 de *Primary Point*, uma revista trimestral da Escola Kwan Um Zen.

aguardando para ouvir a esse respeito. Você vai se envolver nisso? O que você vai fazer a esse respeito?"

O trabalho de questionar profundamente a mente humana é mais do que preocupação com assuntos específicos, ou com problemas específicos. A totalidade da condição humana é abrangida. Este trabalho não se propõe a fazer o que temos feito por centenas de anos: precipitar-nos para resolver problemas de uma maneira mais ou menos violenta. Este trabalho dedica-se a *compreender* um problema, não apenas superficialmente, ou até mesmo profundamente, mas completamente. Trata-se de compreender tão completamente que o problema possa ser solucionado por meio dessa compreensão e de forma alguma por meio de qualquer "solução".

Antes de continuar, deixem que eu diga algo sobre escutar – porque apresentamos formações, lugares, países, tradições ou "não tradições" muito diferentes. Como se escuta uma palestra como esta? É possível escutar cuidadosamente apenas como uma conversação entre mim e você? Como você está escutando? Você tem uma imagem de Toni?

Para minha surpresa, certo número de pessoas aqui disse: "Eu conheço você. Ouvi falar sobre você." Então, você tem uma imagem? Sabendo sobre Toni, com uma ideia sobre ela, talvez você tinha lido uma brochurazinha, tenha ouvido histórias e, agora, tem uma ideia do que ela é ou do que ela divulga. E nós temos uma imagem de nós mesmas, do grupo ou da tradição a que pertencemos? Está presente a eterna prontidão da mente de comparar o que é dito com o que já se sabe? Então, não estamos escutando. Estamos comparando, e aquilo que realmente é dito passa sem ser ouvido.

Assim, pelo menos pela curta duração desta palestra, é possível suspender o que se sabe, suspender a comparação? É possível estar simplesmente aberto, completamente aberto, sem saber como se vai reagir, apenas recebendo? Quando alguém tem uma imagem de si mesmo ou desta pessoa aqui sentada, a escuta pura está impedida ou distorcida. Lê-se para dentro dela ou subtrai-se coisas dela, ou, então, nem sequer há o desejo de ouvir algumas das coisas. Pode ser doloroso demais ou ameaçador demais.

Você percebe que tem uma imagem de si mesma como alguém ou muitos "alguéns": uma budista, uma mulher, uma americana? Quando os Jogos Olímpicos são exibidos na televisão, por exemplo, a imagem "americana" pode exercer um forte apelo. Será que as pessoas simplesmente olham para a tela ou também olham para o que acontece dentro de si? Quando um americano sobe ao topo do pódio para receber a medalha de ouro, com o hino nacional tocando e a bandeira americana içada, o coração patriótico dos outros americanos se sente enlevado? Uma enlevação por quê? Enlevação por uma imagem! E, talvez, se os EUA ganharem muitas medalhas, a vitória de outras equipes não incomodará, porque também nos identificamos com a imagem de "fraternidade". No que diz respeito à afiliação religiosa, será que estamos tão identificados com ela, apegados à ela, que nossa própria autoimagem está investida na religião, na tradição religiosa ou no centro ao qual pertencemos? Isso é facilmente verificável. Quando alguém critica nossa religião, sentimo-nos imediatamente defensivos, atacados e magoados pessoalmente? Ou quando alguém elogia nosso grupo ou centro, nossa vaidade fica lisonjeada? Nossa vaidade pessoal, nossa identidade: "isto sou *eu*."

E, como mulheres, que tipo de imagens cultivamos, talvez de forma absolutamente inconsciente? Muitas pessoas dizem-me que as mulheres possuem uma imagem tão negativa de si mesmas que é preciso trabalhar essa imagem ruim, melhorá-la, capacitá-la, o que significa substituir uma imagem ruim por uma boa. Mas por que é necessário ter *qualquer* imagem? É possível perceber as dificuldades, os impedimentos, a separação que todas as imagens criam dentro de nós mesmas e entre nós?

É bem possível que tenhamos experimentado a luta entre imagens internas: queremos ser boas mães, mas também queremos ir aos retiros. Existem sentimentos de culpa sobre nossas obrigações como mães e sentimentos de culpa relacionados ao fato de negligenciarmos nosso lado espiritual. Ademais, queremos ser respeitadas como mulheres que perseguem uma carreira independente, fazendo algo a mais do que apenas ser mães e cuidar de casa. Portanto, há uma batalha de imagens interior que pode expressar-se em frustração generalizada, em excesso de trabalho ou em ressentimento. Nas relações interpessoais também existe tensão; duas pessoas que vivem juntas, com imagens sobre si mesmas e sobre a outra, inevitavelmente criam conflitos. É possível nos percebermos como vítimas de dominação quando nós mesmos queremos dominar. Então, quem domina quem? Sentimo-nos manipulados e temos a necessidade de manipular outros porque nós mesmos fomos manipulados.

Observem isso por si mesmas. Vocês descobrirão coisas espantosas que acontecem nesta mente e, portanto, em todo este corpo. Qualquer coisa que ocorra nesta mente, um único pensamento, está totalmente conectada com todo o organismo – eletricamente, neuroquimicamente. Um pensamento prazeroso transmite-nos uma efusão de boa sensação. Então, queremos manter essa sensação, fato este que consiste em outro pensamento: "Como posso mantê-la?" E quando para: "O que eu fiz para perder isto? Como posso consegui-lo de volta?"

O pobre corpo tem de responder a tudo isto: mal se acostumou ao prazer e já há dor. O organismo físico leva algum tempo para voltar ao equilíbrio. Eu nem sei se nossos corpos ainda sabem o que é equilíbrio. Há tantos velhos resíduos mantidos dentro do corpo, dentro do cérebro.

Realizamos toda essa escrituração mental, lembramos do que alguém nos fez hoje de manhã, ontem, um ano atrás, às vezes, até 10 ou 15 anos atrás. "Eu não vou esquecer disto", dizemos, o que significa que nenhuma relação nova e aberta é possível com essa pessoa. A pessoa está marcada, estigmatizada. Quando a vemos, surge a imagem do que ela fez. Nossa reação é ditada pela imagem, dominada por ela. Quando há percepção de todo esse processo, o fato de ver já implica uma interrupção. Não obstante, a formação de imagens pode continuar imediatamente, porque é algo que nos dá muito prazer. Vivemos de imagens e dentro de nossas imagens, mesmo se elas são dolorosas, porque pensamos que temos de viver por alguma coisa.

É possível questionar tudo isso? Eu não chamo mais esse trabalho de "zen" porque a palavra é externa, desnecessária ao questionamento. Esse questionamento fundamental da mente e do corpo humano (não de *minha* mente e corpo pessoais, mas da mente humana) não carece de qualquer rótulo descritivo. Tanto que, quando essa mente é compreendida de forma clara em seu funcionamento por intermédio de imagens, bloqueios, contradições e conflitos, a totalidade da mente humana é compreendida, porque ela não difere fundamentalmente de uma pessoa a outra. Na superfície, somos todos diferentes, mas, fundamentalmente, cada um de nós nutre uma imagem de ser um "eu", de ser alguém.

Parece extraordinariamente difícil perceber que isso é uma ideia, uma criação do pensamento. A autoimagem parece tão sólida e real que assumimos o "eu" como um fato. Confundimos isso com este corpo e os processos de pensamentos, sensações e emoções que estão ocorrendo. Mas nada disso possui dono.

Dizer "isto sou eu" e ter uma imagem – "Eu sou boa nisto, sou ruim naquilo" – são construções mentais, pensamentos e ideias, exatamente como todas as outras que constituem a corrente de pensamento. Contudo, "isto sou eu" está na raiz de todos os nossos problemas individuais, interpessoais e internacionais.

A maior parte das pessoas preocupa-se muito com a situação mundial, o terrorismo, as lutas que acontecem no Oriente Médio e em outros lugares. Uma vez, ouvi um famoso comentarista de notícias relatar sobre um novo incidente violento em Jerusalém, onde cristãos, muçulmanos e judeus enfrentavam-se de forma sangrenta. Ele disse: "Como é possível que as pessoas matem umas às outras no lugar onde três das maiores religiões nasceram, todas elas pregando a paz? É algo incompreensível." Porém, se compreendermos profundamente a identificação, o investimento, a imagem, a defensividade e a agressividade, observando-os diretamente dentro de nós mesmos enquanto ocorrem, então, não é incompreensível que membros de diferentes grupos lutem uns contra os outros e até matem uns aos outros.

Então, o que vamos fazer a respeito de tudo isso? E aqui está de novo a pergunta que me foi feita pela mulher na cozinha: "O que você vai fazer a esse respeito?"

É um fato simples que esse trabalho só pode começar individualmente. Quando imagens dominam a mente, motivando nossas ações e criando objetivos daquilo que queremos ser ou tornar-nos, a confusão impera. Como podemos resolver a confusão no mundo se nós mesmos estamos confusos? Carregamos simplesmente nossa confusão conosco em qualquer coisa que façamos. Vamos começar a observar, a questionar tudo e não deixar nenhuma pedra no lugar, o que pode abalar o conjunto de nosso fundamento?

Podemos manter nossas imagens ansiosamente ou desafiadoramente e pensar: "Eu não posso passar sem elas, estou apegada a elas. É a natureza humana." Porém, é possível termos clareza do que fazemos? É possível percebermos que nossos fundamentos são constituídos de separação e isolamento, porque estão desunidos dos fundamentos de outros seres humanos? Todos nós defendemos nossos próprios fundamentos, acreditando neles, refugiando-nos neles e, às vezes, passamos por cima dos muros desses fundamentos para dar as mãos a outros, que por sua vez estendem-nos as mãos por cima de seus muros, sendo que todos nós asseguramos verbalmente uns aos outros nossa compreensão mútua. Mas os muros permanecem intactos, e a divisão continua.

É possível esses muros ruírem completamente, de tal maneira que nada nos separe uns dos outros? Trata-se de um tremendo desafio. Você pode achar que estou exagerando, que esta é apenas minha opinião. Não estou tentando dar opiniões. É possível olhar seriamente para dentro de nós mesmas e perceber as consequências perigosas de identificar-nos com alguma coisa ou alguém, o perigo de sermos "alguém"?

Somente quando trabalhamos realmente em nós mesmas, esquadrinhando profundamente e não parando em nada, é que entramos em contato com essa ansiedade fundamental de ser ninguém. E, normalmente, há uma retração imediata dessa ansiedade. A mente humana quer algo em que possa se apegar. Porém, será que dessa vez não procuraremos escapar? Você vai enfrentar a ansiedade – ansiedade nua e crua? Sem parar o questionamento, mas simplesmente sentindo, escutando – tranquilamente, sem nenhum objetivo em mente. Apenas presente para o que existe ou não existe, em completo silêncio.

Talvez haja um vislumbre de percepção no fato de sermos ninguém, nada. Com isso vem uma alegria que não pode ser absolutamente formulada em palavras. Não se relaciona em nada com palavras. Não é uma imagem, nenhum pensamento.

Então, no momento seguinte, será que tentaremos nos agarrar a isso e transformá-lo novamente numa imagem? "Eu sou alguém que viu. Sou alguém que sabe." Vamos congratular-nos? Quem congratula quem? Tentamos lembrar e reviver a experiência? As imagens chegam rapidamente, como cogumelos despontando do solo num dia quente e úmido. Aí estão: novas imagens. É possível vê-las imediatamente e abandoná-las instantaneamente?

Ou será que vamos apenas continuar a formular, em pensamento: "Eu consegui. Eu me dei bem. É isso aí. Eu sou ninguém!" O que isto significa: "Eu sou ninguém?" Já se transformou num conceito, numa lembrança.

Então, é possível observar e estar livre de imagens a cada instante, realmente sendo ninguém e, portanto, completamente aberto e relacionado a todos e tudo, com um amor que não pode ser produzido por qualquer tipo de prática? O amor não é praticável. Ou está aí, ou não está, e *não* está presente quando o "eu" que tenta criá-lo, que tenta agarrá-lo e apegar-se a ele, estiver presente.

Podemos enganar a nós mesmas sobre sermos um tipo de pessoa amorosa, sendo muito compassivas. É apenas uma imagem? É possível vermos quando ela surge? Pode ser abandonada instantaneamente para que realmente não saibamos o que somos? Apenas deixar que a ação flua deste não saber, apenas em contato com o que está aí: escutando, vendo, reagindo abertamente?

Depende de cada uma de nós. Ninguém pode fazer isso por nós.

Escutem!

Forma e ausência de forma

> *Talvez fiquemos sentados eternamente sem nunca descobrir a verdade! A verdade depende de estar sentado? Da postura correta? De qualquer coisa? Não depende de nada. Esta é a sua beleza – não depende de nada. Não tem causa, nem método, nem realização, nem preservação. O que é?*

Normalmente, achamos que lidamos com problemas pessoais, peculiares a nós mesmos. Mas isso é uma ilusão. Quando cavamos por baixo do revestimento superficial da personalidade, todas as pessoas apresentam problemas fundamentais muito similares: problemas ligados a medo, desejo, raiva, tempo, querer, apego. Todos os problemas do "eu", do "ego".

Com frequência, surgem questionamentos sobre a "forma" ou a ausência de "forma e disciplina" com que trabalhamos e nos movemos durante nossos retiros. Essas perguntas são feitas a mim repetidamente desde a época em que abandonei um centro zen-budista e estabelecemos um novo centro. "Por que todas as pessoas aqui não seguram suas mãos à maneira tradicional zen durante a prática de sentar e caminhar, o que seguramente tem muito boas razões de ser, como manter as energias circulando de forma constante, unir os opostos, gerar uma uniformidade de movimento no hall, baixar a bandeira do ego" e assim por diante?

Este capítulo foi adaptado de uma palestra ministrada em Roseburg, na Alemanha, em dezembro de 1985.

Ao formular uma pergunta desse tipo, é possível que a pessoa esteja livre para examinar de onde ela vem? Ela provém da dependência de um sistema e da defesa desse sistema? Ou será que, realmente, a verdade de todas essas reivindicações feitas foi testada? É possível realmente sabermos a verdade disso ou estamos apenas repetindo aquilo que ouvimos tantas e repetidas vezes?

É a própria identificação com um sistema – como ocorre com a palavra *zen* – que faz surgir separação, conflito e violência entre os seres humanos. O sentimento partilhado de ter algo melhor, algo superior aos outros, é comum às organizações religiosas e seculares. Um professor zen disse-me uma vez: "Se você não tivesse a profunda convicção de que *sua* tradição religiosa é a melhor de todas, você não pertenceria a ela. Por que não ter orgulho dela?" É desse orgulho de ser especial que surge a divisão entre "meu" e "seu", entre "superior" e "inferior". Portanto, frustração e raiva emergem quando outros não fazem exatamente como eu faço. "Eles estão cedendo a seu ego, enquanto eu o controlo. Se eu tenho que o fazer, por que eles não?" e assim por diante. A violência da comparação, a obrigatoriedade, a supressão e a punição dos que se desviam da regra acompanham a conformidade. Você pode perceber isso? Vê o perigo?

Porém, voltemos às mãos. Talvez você nunca soube se uma posição das mãos é melhor que outra – talvez você não queira incomodar-se com isso, ninguém está dizendo que deve fazê-lo. Mas uma coisa está clara: quando houver uma energia fluindo livremente, que não se relacione com o "eu", meus desejos, meus medos, minhas falhas e realizações – essa energia não estará ligada a qualquer postura das mãos, dos pés ou das costas. Não estará ligada a nada

– simplesmente estará em abundância, na neve e no gelo, no som do vento nas árvores, no silêncio e no movimento de toda a vida.

Nos ramos nus das árvores há pequenos botões, apertadamente fechados para o inverno. Num quente dia de primavera, suas cascas rompem-se repentinamente e aí estão pequenas folhas novas, tão delicadas e vulneráveis, porém tão resistentes. Essa é a energia da vida, da qual somos parte integral quando não pensamos que somos algo à parte.

Disciplina é algo que os seres humanos praticaram desde tempos imemoriais – a disciplina de obedecer, conformar-se, imitar, subjugar-se e marchar em passo igual. Por que fazemos isso? É uma prática nos mosteiros e nos sistemas militares em todo o mundo. Quando eu cresci na Alemanha, em 1933, todo mundo teve de começar a caminhar no mesmo passo. As imagens dessa uniformidade – os uniformes, o entusiasmo, o fanatismo, a compulsão e a violência das pessoas se conformando – deixaram uma impressão profunda. Tremendas sensações de conforto e segurança são transmitidas por um sistema no qual se faz tudo o que é mandado. Não é preciso pensar por si próprio, não é preciso questionar e descobrir por si mesmo. É tão mais fácil seguir ordens. É possível ver o perigo?

Alguém disse, durante uma reunião: "Eu vejo as pessoas colocarem as mãos nos bolsos durante as caminhadas, ou simplesmente deixarem que pendam soltas ao lado do corpo. Elas fazem isso por se rebelar contra as antigas formas tradicionais, meramente para provar o quanto estão livres?"

Cada um tem de questionar e ver por si mesmo. Há reação, rebelião, naquilo que estamos fazendo? Não devemos presumir que *não* estamos nos rebelando, que estamos livres dos antigos e dos novos sistemas. É possível simplesmente observar o que há?

É possível manter as mãos em qualquer modo particular e não formar uma imagem ou ideia sobre si mesmo? "Sou uma pessoa zen experiente." "Estou livre dessa coisa zen." "Pratico zazen no modo tradicional apropriado e eles, não." Imagens e ideias sobre si mesmo e sobre os outros *surgem* de fato o tempo inteiro, não é? É possível perceber isso claramente quando prestamos genuinamente atenção. É possível perceber e deixar de ser influenciado? É possível sentar, ficar em pé ou caminhar sem se tornar alguém ao assumir uma postura?

Esta pergunta não pode ser respondida ao se pensar a respeito. As opiniões não têm valor. É preciso observar com muito cuidado o que acontece na mente quando o corpo assume posturas condicionadas ou rebeldes. Quando se tem uma opinião qualquer, não se pode observar livremente. Opiniões distorcem a percepção.

É possível tornar-nos conscientes de nosso ímpeto insaciável de especular sobre o porquê outras pessoas fazem o que fazem? Por que nos preocupamos tanto com o que *os outros* fazem? Essa preocupação não nos impede de perceber o que nós mesmos estamos fazendo neste momento?

Alguém perguntou: "Por que você ainda está praticando sentada?"

A quem perguntamos? Quem sabe? Eu não posso falar por qualquer outra pessoa. É preciso que façamos essas perguntas a nós mesmos. Não respondê-las de pronto, a partir de nossas opiniões, que apreciamos, mas observar de perto, a cada instante. Por que praticamos sentados? O sentar em si ajuda a questionar, olhar, escutar e clarificar?

Nos centros zen tradicionais que trabalham com métodos de sentar e de postura, diz-se frequentemente: "Apenas sente-se por um tempo suficientemente longo e, no fim, talvez depois de muitas vidas, você alcançará a verdade." Também dizem: "Sentar na postura correta é em si a iluminação." Estamos apegados a essas ideias?

Talvez fiquemos sentados eternamente sem nunca descobrir a verdade! A verdade depende de estar sentado? Da postura correta? De qualquer coisa?

Não depende de nada. Esta é a sua beleza – não depende de nada. Não tem causa, nem método, nem realização, nem preservação. O que é?

Sentar-se e as posturas de sentar não libertam – o cérebro e o corpo podem ficar tão condicionados e programados por essa atividade quanto por qualquer outra. Perceber a verdade liberta, e não qualquer prática ou método. É possível ver a verdade do que realmente ocorre nesse instante, do lado de dentro e de fora?

É possível observar a conformidade e ver o que ela faz dentro de nós e na relação com os outros? É possível observar como estamos apegados a alguma coisa, como almejamos pertencer, como obedecemos de bom grado ao que é exigido, como acreditamos no que é apregoado, como imitamos o que acontece na comunidade que chamamos de nossa? Como concordamos, nos identificamos, começamos a proteger, cuidar e defendê-la, bem como a atacar os que dela se desviam?

É humanamente possível caminhar sozinho, sem qualquer acompanhamento? Não se isolando dos seres humanos – não é isso que eu quero dizer. Mas sem o acompanhamento dos constantes solilóquios, dos comentários que correm, das ideias que confortam, das esperanças, do apego às pessoas, crenças e ideais por meio de pensamentos e de ideias, a planos futuros e experiências passadas?

É possível ouvir esse amplo rio que corre *simplesmente* como *ele é*?

Há um antigo diálogo chinês que pode aprofundar esse questionamento, e até nos fornecer alguma luz. Uma pessoa perguntou à outra:

— Quem é que caminha sozinho, sem qualquer companheiro?

— Vou dizer-lhe depois que você engolir toda a água deste amplo rio num único gole.

— Eu já fiz isso.

— Então, eu já lhe disse.

Sentar-se quieto, fazendo nada

> *Consciência, percepção, iluminação, inteireza –*
> *independentemente de qual palavra seja escolhida para*
> *rotular o que não pode ser ensinado em palavras – não é o*
> *efeito de uma causa. A atividade não o destrói, e o sentar*
> *não o cria.*

Recentemente, durante uma conversa particular, alguém me perguntou: "Por que você fala sobre a prática de sentar apenas nos retiros?" Se eu entendi corretamente, a pessoa achava que se Toni, durante conversas, encorajasse a prática de sentar, as pessoas sentariam mais, beneficiando a si mesmas e à comunidade como um todo. Ademais, não mencionar publicamente o valor da prática de sentar regularmente pode tacitamente encorajar as pessoas a não sentar muito, o que faz com que elas percam a preciosa oportunidade de estar livremente em contato consigo mesmas e com seus pares.

Pensei muito a esse respeito. Falamos de fato sobre a prática de sentar e de meditação durante os encontros particulares e workshops, mas será possível fazer qualquer tipo de recomendações amplas?

Durante os últimos 12 anos, trabalhei individualmente com muitas pessoas que estão, ou estiveram, envolvidas com a prática zen. Foi uma iluminação descobrir diferentes motivos para sentar.

Este capítulo foi adaptado de uma palestra proferida em outubro de 1984.

Pode-se adotar a prática de sentar por sentir uma profunda insatisfação com a própria vida. É possível que se tenha lido ou ouvido que o sentar (meditação) pode ajudar a sentir-se mais enérgico, saudável, criativo, compassivo e capaz de resolver problemas diários. A maior parte de nós que começa a prática zen leu livros que continham antigas e novas histórias de iluminação, e ouvimos professores falarem sobre a iluminação, realização ou libertação em workshops, seminários e palestras. Podemos ter um amigo íntimo que é membro de um centro zen e que recomendou altamente a prática de sentar. Num maior ou menor grau, ficamos convencidos de que sentar é um meio e uma das maneiras mais seguras para nos tornarmos uma pessoa melhor, talvez até uma pessoa iluminada, independentemente do que imaginamos que isso seja.

A maior parte dos centros e comunidades zen oferecem regularmente práticas de sentar em grupo. Muito frequentemente, em tais comunidades é muito importante (ou até mesmo exigido) estar na sala de meditação em horas fixas determinadas. Quando se frequenta as práticas de sentar de forma consciensiosa, professor e discípulos mais velhos consideram-no um aluno sério e promissor. Então, além do almejado objetivo de melhoria ou iluminação, há uma recompensa imediata de ser considerado "um bom menino" ou "uma boa menina".

Participar de práticas de sentar, conformar-se com o que outros membros estão fazendo transmite-nos a sensação reconfortante de pertencer e a alegria da energia compartilhada. Gostamos de sentir-nos seguros e faremos grandes esforços para atingir essa sensação de segurança e de legitimidade. Inversamente, o fato de não sentar desperta sentimentos de culpa sobre não fazer o esperado por nós mesmos e pelas pessoas com autoridade. De qualquer maneira, antigos hábitos continuam a ser reforçados e a dominar nossas vidas, sem que se lance alguma luz sobre eles.

Na medida em que sempre há recém-chegados numa comunidade zen, surgem comparações entre membros "iniciantes" e "avançados" ou "desenvolvidos". O querer tornar-se igual a uma pessoa "desenvolvida" que admiramos ou querer juntar-se a esse círculo interior pode fazer emergir a energia para lutar por esses objetivos.

Será que isso difere daquilo que passamos todas as nossas vidas fazendo: imitar e competir uns com os outros para avançar ou nos tornarmos como outra pessoa? O treinamento espiritual talvez caia diretamente nesse padrão compulsivo preexistente. Ser elogiado, ou elogiar-se por progredir, dá satisfação e fornece o ímpeto de continuar esforçando-se. Talvez consigamos nos tornar um "exemplo" para um iniciante. Isso pode fortalecer nossa autoimagem, lisonjear nossa vaidade, dar sabor às nossas vidas.

Energias incitadas pela comparação, competição e esforço desviam a atenção daquilo que realmente acontece neste exato instante, e em direção ao objetivo ou recompensa almejada. Isso é preocupação com pensamento e imagem, não um questionamento livre da própria natureza e da raiz do pensamento e da imagem.

Para algumas pessoas, a comparação com o sucesso de outros provoca a sensação de fracasso pessoal. Quando é ignorada ou se sente frustrada com sua falta de progresso, a energia pode ser gasta em desalento e desespero. Nessa altura, as pessoas frequentemente abandonam de vez a prática de sentar.

Mais cedo ou mais tarde, a maior parte das práticas compulsivas de sentar degenera em não sentar absolutamente. É uma experiência comum. As pessoas que dependem de disciplina imposta externamente para sentar relataram que o incentivo para tal acaba quando as exigências externas se extinguem. Também, quando não são sentidas ou o professor não promete recompensas tangíveis para a prática paciente de sentar, muitas pessoas perdem o interesse. É possível até que alguém nunca sequer tenha sentado com um genuíno ímpeto interior de observar e questionar livremente dentro de si e de prestar atenção cuidadosa e silenciosamente para o que acontece do lado de dentro e de fora. Talvez o ensejo existiu em algum momento de sua vida, mas uma estrutura compulsiva interior e exterior não o deixou operar livremente, por conta própria. Caso se comece a sentar de novo, por iniciativa própria, as velhas compulsões e motivações podem revelar-se claramente.

Ensina-se e acredita-se amplamente que os alunos "iniciantes" precisem de estrutura e disciplina externa para estabelecer uma sólida prática de meditação. A implicação disso é que, num período posterior, a liberdade das estruturas e controles externos se estabelecerão por si mesmos. A questão é a seguinte: é possível ficar internamente condicionado por disciplina e estrutura externas, continuando a depender delas e encontrando um refúgio seguro nelas?

O fato é que, enquanto ficarmos com medo de sermos independentes e donos de nosso nariz, a necessidade compulsiva de seguir um sistema continuará. Enquanto recearmos nossa insuficiência interior e não a enfrentarmos diretamente, permaneceremos totalmente vulneráveis a qualquer tipo de influência condicionadora que se pareça com estabilidade e com a possibilidade de ser alguém. Continuamos a agarrar-nos ao sistema imposto, defendendo-o apaixonadamente como se estivéssemos defendendo a nós mesmos, porque nossa existência sempre parece depender dele. Podemos negar veementemente o fato de estarmos apegados a professores e sistemas, mas precipitamo-nos imediatamente a um estado de ansiedade e confusão quando ambos são questionados seriamente, ou quando estamos num ambiente carente em disciplina familiar e em figuras de autoridade. Num momento assim, podemos procurar e encontrar outro sistema e professor instigantes, ou podemos realmente tomar a iniciativa de investigar com toda seriedade e profundidade dentro dessa mente, com todos os seus medos escondidos, exigências e tendências compulsivas.

Em quase todas as crianças pequenas há uma curiosidade e uma alegria inatas em examinar e investigar tudo a seu alcance e a descobrir as coisas independentemente. Muito embora as crianças necessitem da confiança de um ambiente seguro, elas também querem liberdade dos controles e imposições externos em seu ímpeto de descobrir as coisas por si mesmas. Nossos modos estabelecidos de educar crianças em casa e nas escolas sufocam facilmente, ou até destroem, o prazer das crianças na exploração e na descoberta livre. Contudo, caso não sejam totalmente esmagadas, elas poderão aflorar novamente.

Esse trabalho de refletir profundamente sobre tudo o que acontece – refletir em quem e no quê somos verdadeiramente e se é possível realmente haver algo além das lutas intermináveis da vida cotidiana – nunca poderá ser o resultado de qualquer pressão imposta externamente. A pressão só resulta em mais pressão. Um espírito inquiridor livre não é resultado de nada. Está aí, espontaneamente, quando não estamos dominados pelos sistemas de controle interno e externo. Vou dar um exemplo. Quando necessitamos escutar um ruído estranho, não paramos naturalmente de fazer barulho? Não é possível escutar atentamente enquanto se fala, pensa ou se move por aí de forma descuidada. A necessidade de escutar com cuidado cria sua própria quietude. Quando realmente percebemos o quanto somos desatentos e começamos a refletir sobre o que realmente acontece do lado de dentro e de fora, não precisamos observar e escutar silenciosamente?

Quando necessitamos de momentos tranquilos para questionar e prestar atenção, exatamente como precisamos de alimentos para comer e ar para respirar, não carecemos de nenhuma disciplina exterior para realizar isso; simplesmente o fazemos. Essa é a beleza da coisa.

Então, depois de tudo o que foi dito, o que é estar sentado tranquilamente, sem se mexer, juntos e sozinhos, por longos ou curtos períodos, não influenciados por coisas que foram feitas ou ditas por outros, ou que são ditas e feitas neste exato momento?

Talvez eu devesse parar por aqui e deixar que vocês respondam a essa pergunta por si mesmos. Talvez vocês já tenham respondido por si mesmos.

A pessoa que me perguntou por que eu não falo sobre a prática de sentar mencionou que, depois de longos períodos de estar sentada continuamente e diuturnamente, acontece alguma coisa por dentro dela que lhe possibilita abrir-se com as pessoas e as coisas de uma maneira clara e carinhosa. Essa pessoa falou sobre a sacralidade da prática de sentar.

Estar sentado tranquilamente e sem se mexer, por minutos ou horas, independentemente da duração, é estar em contato com os movimentos do corpo-mente, grosseiros e sutis, embotados e claros, superficiais e profundos, sem qualquer oposição, resistência, avidez ou fuga. É estar em contato íntimo com toda a rede de pensamentos, sensações, sentimentos e emoções sem julgá-los como bons ou maus, certos ou errados – sem querer que qualquer coisa continue ou pare. É um enxergar interior sem saber, uma sensibilidade aberta para o que acontece do lado de dentro e de fora – fluindo sem se agarrar ou acumular. A quietude no meio do movimento e da comoção está isenta de vontade, direção e tempo. É deixar cada momento ser aquilo que é.

Ao estar sentado tranquilamente, sem fazer nada, sem saber o que vem depois e sem a preocupação com o que foi nem com o que virá, uma nova mente opera, desconectada do passado condicionado e que, mesmo assim, percebe e compreende todo o mecanismo do condicionamento. É o desmascarar do "eu" que nada é senão máscaras – imagens, lembranças de experiências passadas, medos, esperanças e a demanda incessante de ser alguma coisa ou de tornar-se alguém. Essa nova mente que é não mente está livre da dualidade – não há agente nela, nem nada para ser feito.

No instante em que a dualidade cessa, a energia emaranhada em conflitos e divisões começa a funcionar inteiramente, inteligentemente, carinhosamente. No momento em que o egocentrismo toma conta da mente, a energia é bloqueada e desviada para temer e querer; fica-se isolado dentro dos próprios prazeres, dores e tristezas. No instante em que esse processo é revelado completamente à luz da percepção imparcial, a energia acumula-se e flui livremente, sem divisões e abrangendo tudo.

Consciência, percepção, iluminação, inteireza – independentemente de qual palavra seja escolhida para rotular o que não pode ser ensinado em palavras – não é o efeito de uma causa. A atividade não o destrói, e o sentar não o cria. Não é um produto de nada – nenhuma técnica, método, ambiente, tradição, postura, atividade ou não atividade pode criá-lo. Está aí, incriado, funcionando livremente em sabedoria e amor, quando o condicionamento egocentrado for claramente revelado em toda a sua amplitude e sutileza e neutralizado à luz da compreensão.

Silêncio

> *É possível deixar o ruído interior inteiramente de lado enquanto se presta atenção? Uma nova tranquilidade surge por si só quando os estados variáveis do corpo-mente são simplesmente abandonados a si mesmos sem qualquer escolha ou julgamento – deixando que passem sem despertar reações na vontade controladora ou repressora.*

Nossos retiros acontecem em silêncio, portanto, é interessante dizer o que se compreende por silêncio.

Durante os sete dias de um retiro não conversamos uns com os outros, a não ser durante os encontros que acontecem aproximadamente uma vez por dia. Quando ocorre algum tipo de emergência em que seja preciso urgentemente dizer alguma coisa para alguém, pedimos que as pessoas o façam onde outras pessoas não precisem ver ou ouvir, ou que utilizem papel e lápis para se comunicar.

Você pode pensar: "O que há de errado em dizer algumas poucas palavras de vez em quando, particularmente durante os períodos de trabalho? É muito mais simples do que escrever bilhetes e não precisa ser uma distração se for feito de forma tranquila." Não digo que seja *errado* falar. Simplesmente concordamos em não falar durante os retiros para ver o que acontece. Podemos descobrir que é possível comunicar-nos sem quaisquer palavras faladas – que sur-

---

Este capítulo foi adaptado de uma palestra proferida em janeiro de 1984, no primeiro dia de um retiro de sete dias.

ge um tipo muito mais profundo de comunhão não verbal com as pessoas e todas as coisas naturais que nos cercam quando nossas trocas e expressões verbais habituais não nos envolvem. A energia acumula-se naturalmente quando não travamos qualquer conversação.

A maior parte de nosso tempo desperto é gasto falando – muitas vezes de forma desnecessária e, frequentemente, até danosa. Enquanto falamos, raramente há qualquer espaço para ouvir – é árduo falar e ouvir ao mesmo tempo. Contudo, à medida que o impulso de reagir e expressar verbalmente tudo o que nos vem à cabeça diminui lentamente, tomamos consciência mais claramente de nossas reações mentais, psicológicas e físicas. O silêncio exterior ajuda a revelar o ruído interior que passa sem ser detectado quando falamos e falamos sem parar.

É possível que a respiração e a escuta aconteçam em meio ao ruído interior? Se, no momento em que percebermos o constante palavrório interior, pensarmos imediatamente: "Devo parar para poder atingir o silêncio profundo", então, esses pensamentos em si constituirão a continuação do palavrório. Dizer para si mesmo "Eu posso conseguir isso" ou "Não vou conseguir, é impossível" é, ainda, a mesma coisa.

É possível deixar o ruído interior inteiramente de lado enquanto se presta atenção? Uma nova tranquilidade surge por si só quando os estados variáveis do corpo-mente são simplesmente abandonados a si mesmos sem qualquer escolha ou julgamento – deixando que passem sem despertar reações na vontade controladora ou repressora.

Não me refiro à adoção ou imitação de alguns dos padrões de comportamento prescritos da "pessoa zen atenta, alerta e tranquila". Ao ouvir Toni falar sobre mover-se e trabalhar em silêncio, é possível estabelecer rapidamente uma imagem mental disso e tentar colocá-la em prática. Ideias similares sobre ser apreciado e aceito por esse tipo de comportamento acrescentam mais artificialidade ainda. Isso não é atenção. É desempenhar um papel, o que condiciona o corpo e a mente. *Atenção* significa deixar que todo o ruído de nosso jeito habitualmente desatento e movido a imagens se torne plenamente consciente.

Quando estamos desatentos enquanto abrimos ou fechamos uma porta, isto é, absortos em pensamentos sobre ser alguém especial ou estar num lugar diferente, inevitavelmente o ruído acompanha os pensamentos. É possível estar exatamente aí com toda a situação, a maçaneta na mão, a sensação de seu toque, virando-a cuidadosamente, sem saber de antemão como todo o mecanismo funciona realmente? Esse tipo de atenção interessada não cria nenhum ruído adicional. Não tem a intenção de eliminar sons. Ouvir com sensibilidade e carinho todos os sons que produzimos traz consigo a quietude. É possível ver isso por si mesmo. O ruído adicional que acabamos de fazer resultou da desatenção – de estar em outra parte em nossos pensamentos. Consciência não dirigida, sensibilidade e quietude andam de mãos dadas – elevam-se mutuamente e não condicionam o corpo-mente. A clareza da consciência é liberdade do condicionamento.

Ouvir os sons originados por nossos próprios passos, ao sentar ou levantar, ao colocar comida num prato, colocar uma travessa sobre a mesa, ao lavar vasilhas, limpar a pia ou cortar vegetais, pode revelar o quanto realmente dependemos e gostamos de ouvir-nos fazendo barulho. Fazer barulho pode ter o aspecto de assegurar-nos de nossa contínua existência como alguém, frequentemente alguém importante. É possível que tudo isso nos chegue à consciência instantaneamente enquanto ocorre? O que acontece quando realmente percebemos isso? Continuamos desatentos, sentindo-nos culpados, resolvendo tornar-nos mais atentos no futuro, ou o ruído suplementar simplesmente deságua numa clara consciência? Cabe a cada um de nós descobrir.

Quando as imagens sobre como deveríamos ou não deveríamos comportar-nos, ou como as coisas deveriam ou não deveriam ser, não cativam e controlam a mente e os movimentos do corpo, há liberdade para escutar – liberdade para questionar sem saber. Então, o vento nas árvores, o som da chuva pingando no telhado, passos no hall, o canto de pássaros, o bater de panelas, o latido de cães e o passar de um automóvel não quebram o silêncio.

Autoridade

> *A autoridade de nossas experiências passadas, de convicções, crenças, percepções e esperanças pode ser tão ofuscante e paralisante neste instante quanto o apego à autoridade exterior dos professores espirituais. Por que temos de nos apoiar em qualquer autoridade para observar o que está realmente acontecendo?*

Cara Toni,

Estou mais consciente de todos os processos mentais de julgamento que se relacionam a essas minhas carências espirituais. Às vezes, fico perdida neles, voltando a comparar o velho e o novo, lembranças daquilo que parecia ser, de uma necessidade de repetir algo estimulante. Então, há períodos como hoje, em que observo livremente o que acontece, e a armadilha é solta por um curto período. Num sonho que tive na noite passada sobre um antigo professor espiritual, estava aos prantos, carente. Percebo que o professor era, e presumo que ainda é, um apego que possui muitas facetas – talvez um tipo de parente, mas também o tipo de autoridade que falava em termos absolutos: "Se você fizer isso tudo, poderá obter aquilo." Era muito reconfortante e alimentava minha necessidade de depender da autoridade que eu deveria observar profundamente, o que comecei a fazer no último retiro.

Este capítulo contém extratos de uma carta endereçada a Toni em outubro de 1985, bem como sua resposta.

Estou disposta a aceitar o grande desconforto que surge ao ser minha própria autoridade? Contudo, cada vez que olho atentamente e observo o que está acontecendo, sou minha própria autoridade. Percebo, depois do retiro, que não é apenas a observação, sem comentário, sem distração, da realização das coisas cotidianas como escovar os dentes ou descascar um pêssego maduro. Há uma nova dimensão aqui, a observação de todos os pensamentos, estados de humor, a depressão que me despertou hoje de manhã, o tédio. Em vez de apelar para meu antigo diálogo "zen" – que transcorre assim: "Esta depressão é um estado da mente como nuvens num céu límpido, passará e deixará o céu límpido. Paciência." –, me encontro olhando para a depressão, vendo talvez em mim mesma uma dependência muito profunda de professores e técnicas que deveriam me libertar para sempre, percebendo que tudo isso é apenas mais pensamento, transformando a problematização em problema.

Acredito que há um tipo de "treinamento" – por falta de uma palavra melhor – nesses retiros e que volta para casa com a gente: continuar a observação, repleta de medo e desgosto.

Uma parte de mim quer e precisa voltar ao retiro de outubro, outra parte de mim quer seguir adiante, em busca de outra autoridade. Mas esta última é transparente demais e, portanto, agora vou simplesmente continuar vivendo, esperando estar mais livre do que encurralada ao olhar para cada emoção e conflito que surge em minha mente. Vou deixar que isso aconteça simplesmente sem procurar por felicidade, liberdade, segurança, serenidade ou qualquer outra coisa. As coisas estão neste pé.

Cara ,

Não é preciso acrescentar muita coisa às suas observações. Apenas estar vivo e consciente, sem escolher, de instante em instante, sem procurar por qualquer coisa.

Tampouco se trata realmente de tornar-se "sua própria autoridade". A autoridade de nossas experiências passadas, de convicções, crenças, percepções e esperanças pode ser tão ofuscante e paralisante neste instante quanto o apego à autoridade exterior dos professores espirituais. Por que temos de nos apoiar em qualquer autoridade para observar o que está realmente acontecendo?

Não será nossa ansiedade, nossa constante busca por meios de fuga e nossa resistência profundamente arraigada em enfrentar e questionar cada movimento individual da mente que criam esse desejo por autoridade? Parece ser tão mais fácil e mais reconfortante deixar outra pessoa tomar conta de nós – dizer-nos o que fazer e o que não fazer, avaliar em que ponto estamos, que progresso fizemos e que realizações nos aguardam no futuro. Nossos medos não resolvidos, anseios por fuga psicológica e espiritual e segurança é que fazem existir todas as autoridades. Se os seres humanos enfrentarem o medo e a dor diretamente enquanto surgem, descobrindo sua própria fonte e deixando de lado todas as fugas, então, onde haverá necessidade de qualquer autoridade?

Ou, formulando de outra maneira: a atenção direta e indivisa para o que acontece internamente e externamente precisa de qualquer autoridade? Todas as influências presentes e passadas não precisam parar de interferir completamente para que se preste atenção completa, imediata e inteiramente? Somente assim haverá a quietude da observação pura. Não é possível escutar livremente enquanto a mente estiver atravancada com pensamentos que nos instigam e lembranças daquilo que deveríamos fazer ou do que fizemos no passado.

Então, é sempre muito tentador escorregar para nosso condicionamento antiquíssimo, procurando por promessas e recompensas como crianças pequenas, buscando fugas do medo e da dor e temendo o castigo por "fazer coisas erradas" (castigo por não obedecer à autoridade espiritual e à tradição). É possível ver isso como um poderoso hábito de pensar e reagir e, então, descartá-lo sem ficarmos constantemente enredados nele?

Quando o medo, a carência, a depressão e nossas fugas habituais ficarem claramente transparentes ao surgirem, e a fonte da qual surgem for revelada, então, o fluxo de atenção não será mais interrompido. Quando o apego à autoridade interior e exterior deixar de existir, a própria atenção será a fonte da ação correta. É ação correta.

É possível compreender imediatamente a verdade disso?

Ou formamos uma *ideia* de "não autoridade", de tal maneira que a própria ideia se transforme numa nova autoridade e nós ainda nos encontramos na armadilha?

Esforço

> *Pensar num objetivo almejado e forçar o corpo e a mente a atingi-lo gasta energia. Isso acontece em detrimento de estar intimamente em contato com o que está realmente presente, neste instante, sem nenhuma resistência ou luta para modificá-lo.*

Cara _____,

Você escreve que, nas raras vezes em que decide praticar sentada com alguma disciplina e concentração, percebe um diferente estado mental e sente-se um pouco mais desperta e enérgica em sua vida cotidiana. Então, pergunto se é correto esse esforço, já que seu conselho é "Não faça esforço". Há um conflito entre o que observo diretamente – que a disciplina e a concentração ao sentar resultam em alguma vivacidade e energia na vida cotidiana – e as lembranças do aprendizado sobre fazer esforço ou não.

Se você vê a beleza de viver com energia e sentindo-se desperta e acha que sentar de forma disciplinada e concentrada lhe traz energia e vivacidade, por que se deixa ficar insegura por algo que outra pessoa disse? Por que a mente é tão ávida em seguir a autoridade? O que é dito em palestras e reuniões não é para ser adotado como conselho a ser seguido. Trata-se de questionamento direto, observação, de descobrir por si mesma.

Este capítulo contém a resposta de Toni a uma carta de abril de 1988.

Então, se não tomamos as palavras de alguém como a verdade, o que podemos fazer para descobrir por nós mesmos? É possível simplesmente escutar com cuidado, aprendendo de um momento para outro o que acontece do lado de dentro e de fora?

Quero ver diretamente, por mim mesma, o que acontece nesta mente e corpo, e não viver sob a constante influência daquilo que outros dizem ser as coisas certas ou erradas de se fazer. Percebo claramente que, a não ser que haja consciência aberta neste instante, a mente e o corpo funcionam mecanicamente, por hábito, de acordo com padrões arraigados e seguindo influências.

Percebo que, caso haja desatenção, possivelmente não reagirei de forma completa e apropriada às pessoas e às situações que mudam constantemente. Sem uma atenção cuidadosa, padrões de comportamento antigos ou recém-formados reagem imediatamente e compulsivamente, e criam conflito.

Vejo que quando há um ímpeto de descobrir o que acontece neste instante – não apenas pensando ou especulando a esse respeito, mas observando e escutando *diretamente*, tranquilamente –, a energia para escutar está aí. Não é necessário nenhum esforço especial ou preparação para que ela surja. O questionamento e a percepção geram energia! A bagagem habitual desnecessária é abandonada quando é descoberta e percebida claramente. Há uma verdadeira alegria na descoberta!

Também é notável que, quando uso a força de vontade para permanecer atenta, de alguma forma perco isso [a atenção]. Esforçar-me para conseguir alguma coisa ou para preservar alguma coisa para mim mesma transforma imediatamente a abertura sem esforço de uma mente atenta num emaranhado de dualidade. Preocupação egocentrada e abertura de percepção não se coadunam.

Você menciona que durante um retiro anterior quase não se lembra de tentar realizar alguma coisa, e que o retiro é mais proveitoso quando você *não* realiza um esforço extraordinário. Entretanto, questiona se ir ao próprio retiro, acordar cedo de manhã, praticar sentada etc., já não seria por si só um esforço especial. Você problematiza os conceitos *esforço* e *não esforço*? Seria menos confuso observar como a *energia* é usada em cada momento de nossas vidas?

Obviamente, tudo o que fazemos, pensamos, sentimos, dizemos, resistimos ou reprimimos utiliza energia. Conflitos gastam energia. Querer alguma coisa diferente do que *é*, sem ter clara consciência desse fato, consome energia. Pensar num objetivo almejado e forçar o corpo e a mente a atingi-lo gasta energia. Isso acontece em detrimento de estar intimamente em contato com o que está realmente presente, neste instante, sem nenhuma resistência ou luta para modificá-lo.

Evidentemente, é preciso energia para vir a um retiro, acordar cedo de manhã, adiantar suas rotinas mecânicas habituais e sentar ou caminhar tranquilamente, prestando cuidadosa atenção para aquilo que acontece a cada instante. Não obstante, atenção sem julgamento ou escolha é *acumular energia* sem a dissipação da luta e do conflito. É perceber o que *é*, sem querer algo diferente. *Querer* estar consciente não é consciência. É possível que a consciência lance luz sobre o querer e suas tensões conflitantes, sem que o pensamento tente imediatamente fazer alguma coisa a respeito? Uma energia é emitida e acumulada quando o conflito é desvendado, visto e dissolvido ao observar sem direcionamento.

A energia da atenção está aí quando a mente faz uma pausa para refletir sobre si mesma e o todo da vida – escutando tranquilamente, sem centrar-se em si mesma, sem saber.

Estabelecer resoluções

> *Estabelecer resoluções transforma-se numa confiança reconfortante de que realizaremos no futuro aquilo que não estamos prontos a fazer neste instante. O adiamento é a perpetuação da desatenção.*

Quando vemos um prato despencar de uma prateleira, a mão imediatamente estende-se e o apanha. Cair, ver e apanhá-lo formam uma ação completa.

Se a mente estiver enredada em sonhos, o prato que está caindo pode ser visto tarde demais ou nem sequer ser visto e, antes que a mão possa alcançá-lo, ele já terá se espatifado. Chateados e entristecidos com a perda e com nossa própria negligência, resolvemos ser mais atentos no futuro.

Fazemos promessas e juramentos, estabelecemos resoluções porque fomos educados a acreditar que isso ajudará de alguma maneira. Acreditamos que se nos empenharmos em palavra, estaremos mais propensos a fazer aquilo que achamos que deveríamos fazer, ou a nos tornarmos aquilo que queremos no futuro.

No entanto, isso é realmente assim?

No caso do prato que cai, é possível ele ser salvo porque resolvemos anteriormente que ficaríamos atentos? Ou a percepção funciona livremente, ativamente e inteligentemente quando a mente está despreocupada?

Este capítulo foi originalmente publicado em julho de 1983, na *Genesee Valley Zen Center Newsletter*.

Ao resolvermos ficar mais atentos, ou alcançar um estado de completa percepção, estabelecemos um objetivo ideal em nossa mente. Ocorre uma divisão no tempo: nossa atual negligência real é separada da ideia de atenção futura. Pensar num objetivo futuro é uma fuga de nosso desconforto presente e do mal-estar que surgem da desatenção. Preferimos muito mais pensar em nos tornarmos pessoas melhores e seguir um método para obter isso do que enfrentar a dor e a causa que está na raiz de nossa insuficiência atual. Estabelecer resoluções transforma-se numa confiança reconfortante de que realizaremos no futuro aquilo que não estamos prontos a fazer neste instante. O adiamento é a perpetuação da desatenção.

Outra divisão acontece entre mim mesma como juíza e a ação que "eu" condeno. "Eu" condeno "minha" negligência como se "eu" e a "negligência" fôssemos duas coisas separadas. O são realmente?

É possível examinar tudo isso cuidadosamente? Não apenas dar crédito à palavra de alguém a esse respeito, nem reagir imediatamente contra as palavras. A atenção e o questionamento vêm naturalmente quando existe uma sensação profunda de responsabilidade para tudo o que fazemos ou não a cada instante.

Quando há uma grande urgência em descobrir alguma coisa, a energia está presente. Quando nos deparamos com uma emergência crítica, normalmente ficamos atentos e agimos com a totalidade de nosso ser. No instante de um perigo imediato, resoluções passadas e objetivos futuros são completamente irrelevantes. Há apenas o ver e o agir de forma apropriada, de forma não seletiva.

Por que voltamos a adormecer depois que a emergência passa, satisfeitos com o juramento de acordar em algum momento do futuro? Por que não reagimos imediatamente ao perigo sempre presente da desatenção? É possível perceber isso?

Depois que o prato espatifou-se, é possível ver toda a situação de dentro e de fora do jeito que ela é, sem as desculpas, a culpa, os lamentos ou as resoluções se apoderarem da mente?

E, então, varrer os cacos e descartá-los?

Pensamento e consciência

> *O pensamento não pode resolver problemas. A energia e a clareza de ver, podem. É possível que a pressão para alcançar resultados penetre diretamente na consciência enquanto surge? Sem que se queira imediatamente fazer alguma coisa a seu respeito? Querer ter um remédio de qualquer tipo é o véu que separa.*

Cara _____,

Deixe que eu cite um trecho de sua carta antes de responder. Você diz: "O processo do pensamento insere-se entre mim mesma e a realidade. É como se os pensamentos fizessem surgir um véu que impossibilita ver clara e diretamente. É verdade que em situações assim apenas equanimidade e paciência ajudarão?"

Vamos examinar isso. Os pensamentos surgem. Eles se inserem entre uma entidade ("eu mesma") e algo chamado realidade? O que é essa entidade? O que é a realidade? O que é o "véu entre elas"?

Ver claramente revela um fluxo unitário de pensamentos. "Eu mesma", "realidade" e "entre" são imagens, partes daquele fluxo de pensamento. Ver claramente é completamente independente do pensar, mas não necessariamente incompatível com ele.

Este capítulo contém extratos de uma série de cartas entre Toni e uma correspondente, de julho de 1984.

Então, a questão é: os pensamentos surgem da clareza do ver ou são produzidos por ideias e motivos? Por exemplo: o desejo de alcançar alguma coisa produziu pensamentos? "Realização", em si, é um pensamento.

Estamos procurando segurança por meio do pensamento?

Queremos livrar-nos do véu dos pensamentos para experimentar a clareza?

Os motivos, objetivos, expectativas e julgamentos podem penetrar na consciência clara? No instante em que vemos claramente, o emaranhado dos pensamentos é revelado e começa a dissipar-se.

No que diz respeito a sua pergunta, se a equanimidade e a paciência ajudam quando nos encontramos num nevoeiro, a equanimidade e a paciência sem consciência e percepção podem fazer muito pouco. Sem a consciência direta dos processos da mente humana a pressão inconsciente trabalha compulsivamente para livrar-se apressadamente dos problemas (como o véu). A pressão para livrar-se dos problemas surge dos pensamentos e, portanto, não os dissolve. O pensamento não pode resolver problemas. A energia e a clareza de ver, podem. É possível que a pressão para alcançar resultados penetre diretamente na consciência enquanto surge? Sem que se queira imediatamente fazer alguma coisa a seu respeito? Querer ter um remédio de qualquer tipo é o véu que separa. Você percebe isto?

Cara Toni,

Depois de receber sua carta, comecei a perguntar-me o que é realmente a atenção, ou melhor: "O que acontece quando *não* estou atenta?"

Até agora, sempre achei que esse assunto estava muito claro. Mas quando comecei a olhar e observar diretamente o que acontecia, descobri, para minha surpresa, que não tinha absolutamente nenhuma clareza sobre o que a atenção é realmente.

Apanhando a mim mesma desatenta durante uma prática de sentar, e observando intensamente o que acontecia, descobri que a desatenção é a proliferação automática de todos os tipos de pensamentos mecânicos e padrões de imagem, como tocar um disco. Nesse contexto, vou contar-lhe sobre uma experiência recente que me impressionou muitíssimo.

Telefonei para minha mãe, e ela começou a falar sobre o passado, particularmente sobre um incidente ocorrido quando eu era bebê e ela me deu uma palmadinha no bumbum por eu ter cuspido em seu rosto. Ela já havia me contado essa história muitas vezes, sempre rindo muito enquanto o fazia. Durante a conversa telefônica, ela voltou ao assunto, e eu pensei: "Bem, lá vem ela de novo." Recostei-me e simplesmente a ouvi como se fosse de uma certa distância. A história e as diferentes risadas pareciam-me perfeitamente conhecidas. Em determinados momentos, tive uma sensação repentina e perturbadora de que havia um disco tocando do outro lado [da linha] – um tipo de autômato estava repetindo alguma coisa. Uma forte sensação de estranheza surgiu dentro de mim.

No conjunto, com essas experiências durante a prática de sentar e na vida diária, minha compreensão da consciência modificou-se de forma drástica. Até então, evidentemente, eu só tinha uma concepção meramente intelectual do que constitui a consciência. Agora, com as novas percepções, parece ser, acima de tudo... aqui eu hesito. Acho que qualquer outra coisa que eu poderia dizer neste instante seria apenas um jogo de palavras.

Durante uma prática de sentar recente, concentrei-me numa pergunta de seu livro: "O que é completa atenção?"

Formular essa simples pergunta ajudou-me muito, bem como a algumas outras pessoas. Acho que aprendi que, se perseguirmos essa simples pergunta com intensidade, descobriremos dimensões inteiramente novas de consciência. Às vezes, quando estamos realmente despertos e atentos, experimentamos a inteireza da vida, inclusive seus detalhes triviais, com um sentimento de admiração.

Por outro lado, observei frequentemente em mim mesma alguma coisa que é difícil descrever: talvez eu pudesse dizer que é como se, vindo de uma vastidão e liberdade ilimitadas – um estado em que há apenas esse sentimento de admiração com tudo –, algo me puxasse de volta para trás, estreitando as coisas. A estreiteza retorna, e fico presa em toda parte – já não estou livre.

Neste exato momento, estou questionando: por que esse estreitamento continua a ocorrer repetidamente?

Durante os últimos dias, voltei a experimentar algo assim de novo. Eu pensava sobre as consequências de meu trabalho zen em relação aos pacientes com os quais trabalho. De alguma maneira, havia me ocorrido que, se eu continuasse a desenvolver-me pessoalmente, uma distância também se desenvolveria cada vez mais entre mim mesma e os pacientes – eu os compreenderia cada vez menos.

Felizmente, durante a prática de sentar, ontem à noite, tornou-se claro que essa "distância" também é uma ideia – evidentemente, uma ideia que resulta de ideias egotistas e centradas no "eu". É esse "eu" que cria a distância para sentir-se melhor, mais esperto, mais desenvolvido, ou coisa parecida. Seguramente, a ideia de uma recompensa pelo trabalho árduo e extenso de sentar desempenhou um papel importante nisso. Afinal, queremos uma recompensa por essa prática de sentar, e a recompensa é que ficamos mais felizes, melhores e mais "desenvolvidos" que os outros!

Eu pergunto a mim mesma: por que acontece que esse pensamento centrado no "eu" e essa formação de imagens sempre se repete?

Parece seguir esta linha: se imaginamos que o processo de trabalho zen seja um desenvolvimento, então, em cada nova etapa cristaliza-se um novo "eu", que possui como seu conteúdo a memória de experiências passadas. Prosseguir com o trabalho de sentar, questionar e prestar atenção dissolve esse "eu" novamente.

Comunidade de paz

> *Ao trabalhar a favor da paz, se é isto que estou fazendo, compreendo profundamente, internamente, que a pacificidade e o egocentrismo não podem coexistir? Que, quando o "eu" opera, não pode haver nenhuma harmonia interior e exterior?*

Podemos perguntar o que é comunidade de paz?

Ao examinar isso fica claro que só pode haver comunidade de paz – relações pacíficas, harmoniosas – se nenhum egocentrismo me separa de você. Quando estamos livres do egocentrismo, existe a proximidade do carinho mútuo sem conflito. O conflito surge assim que meu egoísmo colidir com seu egoísmo.

Nós, seres humanos, derivamos uma sensação precária de segurança e prazer (bem como de dor e tristeza) da noção de "eu". Esta noção de "eu" não está limitada a imagens e sentimentos sobre nossa própria individualidade, mas inclui qualquer outra coisa com a qual possamos estar identificados – pessoas, grupos, títulos, posses, ideias, crenças religiosas e políticas e assim por diante. Extraímos um sentimento de importância e segurança ao estarmos identificados com algo maior, mais abrangente que nós mesmos, e, assim, essa coisa assume grande importância. Investimos nela, nós a alimentamos, apoiamos, defendemos e lutamos por ela – individualmente e coletivamente.

Este capítulo foi publicado pela primeira vez em abril de 1984, na *Rochester Buddhist Peace Fellowship Newsletter*.

Compreendendo profundamente, é possível transmitir às pessoas que não há segurança no egocentrismo? É possível transmitir que o egocentrismo está na raiz da guerra? Que nossas queridas identidades de grupo, nas quais buscamos segurança, também são a causa de confrontações e colisões violentas?

Na medida em que existem inúmeras diferentes identidades individuais e de grupo, vivemos num isolamento autocriado, com suas divisões, contradições e violência. Isso está claramente em evidência em toda parte. É possível haver comunidade de paz enquanto a mente dividir-se pela busca por segurança em autoimagens e da identificação com algo maior? Quando não houver autoimagem e nenhuma identificação com qualquer coisa, o que restará para ser assegurado?

Ao trabalhar a favor da paz, se é isto que estou fazendo, compreendo profundamente, internamente, que a pacificidade e o egocentrismo não podem coexistir? Que, quando o "eu" opera, não pode haver nenhuma harmonia interior e exterior?

As pessoas com as quais entro em contato estão interessadas em descobrir a respeito? Estou, eu mesma, profundamente preocupada com todo esse assunto, questionando e observando enquanto ando, sento, trabalho com os outros? Em minha preocupação com a paz, pode haver uma consciência clara, a cada instante, da própria atividade do "eu" que permeia tanto todo esforço humano?

Raiva

> *Quando houver atenção no instante da provocação, então, a escuta acontecerá por reação habitual. Quando as imagens são claramente detectadas e compreendidas, a provocação perde o poder de provocar.*

PERGUNTA. Toni, você frequentemente fala sobre ver objetivamente e aceitar a maneira como somos. Contudo, acho que há aí uma verdadeira dicotomia. Tenho sentido muita raiva, fui maltratada e causei muita dor. Vejo e sinto isso, mas ainda não posso aceitá-lo dentro de mim.

TONI. Eu não falo em aceitar. Apenas ver.

PERGUNTA. Isso não é aceitar?

TONI. Não. Não tem nada a ver com aceitar.

PERGUNTA. Você não menciona maneiras concretas para trabalhar essas coisas. Então, tive essa ideia de apenas aceitar tudo e sinto uma verdadeira resistência em fazer isso.

TONI. Compreendo que você não goste de sentir-se com raiva e resista a aceitar isso. Contudo, a raiva surge repetidamente. Ver a raiva, escutá-la com muito cuidado e sem julgamento não têm nada a ver com aceitá-la. Quem é o aceitante?

Existe uma entidade dentro da raiva ou fora da raiva para aceitá-la ou rejeitá-la? No instante da raiva, não há ape-

---

Este capítulo contém uma conversa que foi adaptada de um período de questionamento realizado em outubro de 1983 no que era então o Genesee Valley Zen Center.

nas uma erupção de reações físicas e emocionais? É possível enfrentar isso diretamente enquanto ocorre? Não apenas refletir a respeito e analisar isso mais tarde, quando tudo tiver passado, mas olhar diretamente o fato enquanto acontece, sem deslizar para pensamentos sobre aceitação, perdão, condenação, controle ou ir além?

PERGUNTA. O que é raiva?

TONI. Alguém diz ou faz algo provocador, que desencadeia imediatamente um estado interior de revolta psicológica, fisiológica e neurológica. Adrenalina é secretada, e a energia eleva-se, os músculos ficam tensos, o coração palpita, o organismo inteiro irrompe numa explosão física e verbal. Também há um elemento de curtição nisso – o prazer do alívio físico e de extravasar sentimentos e emoções acumulados, seja abertamente, seja em fantasia. Então, algum tempo depois, o pensamento começa assim: "Estou com raiva e não deveria estar" ou "Tenho justificativa para estar com raiva a esse respeito" ou "Esta raiva não é meu Verdadeiro Eu". Pensar sobre nossa própria condição gera dualidade: separa um "eu", que pensa e julga do presente estado de raiva, e projeta um "eu" futuro sem raiva.

Existe um sentimento forte, uma convicção profundamente arraigada de que algum tipo de entidade existe internamente, que é invadida pela raiva ("Estou ficando com raiva") e que pode tomar medidas efetivas contra ela ("Vou controlar isso, devo superá-lo"). Essa entidade que sentimos separada da raiva é o pensamento: é uma ideia, uma imagem. Sentimos isso como sendo muito real, mas é real? Questione isso! É uma imagem, intricadamente relacionada com sensações físicas, emoções, sentimentos, vontade, resistência e assim por diante.

É possível ver e sentir isso tudo diretamente? É possível, mas ninguém pode fazê-lo por nós.

Ver não é pensar. Ver é ver – prestar atenção, escutar sem saber.

Se não houver consciência clara de como este corpo e mente humana funcionam a cada instante, a divisão e o conflito permanecerão e se multiplicarão. Ter uma imagem de si mesmo e do que se deve ou não fazer gera dualidade, e não tem nada a ver com a atenção indivisa para o que realmente está acontecendo.

A atenção não vem de lugar algum. Não possui causa. Não pertence a ninguém. Quando funciona sem fazer esforço, não há dualidade. Sem atenção, vivemos em palavras, imagens e lembranças de nós mesmos e dos outros, constantemente às voltas com medo, raiva, ambição, confusão.

PERGUNTA. Há apenas uma sensação da dor que se causou, e de estar cansado de causar dor para si mesmo e para os outros o tempo inteiro. Porém, também há uma vontade de superar isso e não ser mais assim. Não obstante, não pareço ser capaz de fazer nada a esse respeito. É tão frustrante. Lá em casa, estou sempre chutando o gato porque não posso chutar mais ninguém. Todas as outras pessoas me chutariam de volta. Mas, você sabe, cada vez que faço isso, morro por dentro – e mesmo assim, isso continua a ser uma rotina real.

TONI. Pensamentos de arrependimento sobre o passado e pensamentos de desejo sobre o que se gostaria de ser no futuro não podem impedir e não impedem que a raiva se manifeste. Controlar e reprimir a raiva tampouco somem com ela – ela continua a existir de forma latente inconscientemente (de forma despercebida), pronta a irromper de novo, de maneira distorcida. Querer livrar-se dela e ser incapaz de atingir um estado desejado de calma resultam em nova frustração e raiva.

É possível prestar atenção à raiva diretamente enquanto ela é provocada na mente e no corpo, observando cuidadosamente enquanto ela se desenvolve, concentrando energia, ao olhar e escutar intensamente para dentro? Pode ser mais fácil prestar atenção enquanto você estiver sentada tranquilamente, sem se mexer – indo para um quarto vazio e escutando o tumulto interior sem se deixar envolver em julgamentos contra ou a favor. Porém, a atenção não está ligada ao sentar, não está ligada a nada e pode acontecer em qualquer lugar e em qualquer momento. É instantânea e irradia pensamentos, sensações, sentimentos, emoções e reações físicas.

Na atenção clara e não divisa, a raiva derrete, perde seu combustível e seu momento. Seu combustível e seu momento são pensamentos egocêntricos e dualistas, bem como a cadeia de reações e contrarreações que eles desencadeiam por todo o organismo.

Quando houver atenção no instante da provocação, então, a escuta acontecerá por reação habitual. Quando as imagens são claramente detectadas e compreendidas, a provocação perde o poder de provocar.

Você pode descobrir isso por si mesma? Não apenas palavras, não apenas raiva, mas a fonte que está na raiz disso tudo?

Essa é a própria essência desse trabalho de olhar dentro de si mesmo inteiramente, honestamente, abertamente, gentilmente, para além de todas as palavras, explicações e resoluções.

Sofrimento

Depende de cada um de nós ver, compreender e extinguir a causa do conflito e da tristeza dentro de nós mesmos.
A compreensão e a visão são o término – ninguém está fazendo isso. A compaixão surgirá por si só quando não houver ninguém (fazendo o sofrimento ou tentando desfazê-lo).

Cara Toni,

Meus problemas são dor (de um ferimento grave, paralisia parcial e repetidas cirurgias) e tempo, esperar e pensar, quando há tão pouco que posso controlar em minha vida que, anteriormente, era muito organizada. Na maior parte do tempo, não posso fazer nada senão esperar... e sentir-me proporcionalmente inútil. Acima de tudo, estou cansada de sentir dor e reflito profundamente sobre o significado disso. Quando eu era católica (fui freira durante quatro anos), falávamos em "oferecer" e, mais tarde, no budismo, falava-se em "transferir mérito". Existe mérito no sofrimento?

Ultimamente, temos muitos amigos que sofreram tragédias em suas vidas, inclusive Aids, dependência de drogas, paralisia e assim por diante. Eu me descubro querendo diminuir a dor deles ao "oferecer a minha própria", mas isso é possível, é real? (Se for assim, não me queixarei mais.) O fato de sofrer é, evidentemente, uma "Nobre Verdade", mas o que isso quer dizer realmente? O que significa em relação à compaixão, ao desespero?

Este capítulo contém uma carta endereçada a Toni em agosto de 1986, bem como a resposta dela.

Cara ,

Você pergunta se existe mérito no sofrimento. Qual seria esse mérito?

Seria a ideia de que, por meio da presente dor, seja possível ganhar algo melhor, que valha mais a pena, como recompensa no futuro?

Ideias e pensamentos podem ser reconfortantes e energizadores até certo ponto, mas eles ajudam a suportar a dor completamente? Ou podem distrair dela? Para estar com a dor completamente, a separação precisa terminar – e todos os pensamentos sobre significado, mérito e estados futuros são distrações, não são? É possível a mente permanecer sozinha (sem a companhia de pensamentos reconfortantes), alerta, flexível, não distorcida, não se agarrando e não fugindo na presença da dor física intensa? Você pode descobrir isso? A dor continua a ser a mesma quando não há resistência de qualquer tipo? A resistência é o sofrimento?

Você pergunta se é possível oferecer sua dor para diminuir o sofrimento de outros. Deparei com essa questão ao preparar-me para a confirmação na Igreja Luterana, durante minha adolescência. Dizia-se que Jesus morrera por nossos pecados, por tomar a si nossa culpa e nosso sofrimento. Mas eu não sentia nenhum alívio do meu, a despeito de ardentes tentativas de "ter fé". Olhando para o que acontecia logo a meu redor, a crucificação parecia não ter absolutamente nenhum impacto em todo o nosso pecar, que prosseguia desavergonhado no decorrer dos horrores da guerra, da perseguição, do holocausto.

O que quer dizer realmente assumir a pena da humanidade? Quando não há sentimento de separação dentro de si mesmo, nenhuma divisão entre "eu" e "os outros", então, também não há divisão entre dor e pena – é um imenso, profundo, universal oceano comum de pena que inunda toda a humanidade. É possível ver, sentir e compreender profundamente, claramente, sem qualquer sentido de separação, a dor e a pena deste mundo, que são constituídas da dor e da pena de incontáveis seres humanos de todos os tempos e períodos? Sem ser esmagado por elas?

A dor física pode levar tempo para diminuir ou sarar, mas a dor mental, psicológica, termina com o fim da resistência, do conflito e da separação? Ninguém pode fazer isso por mais ninguém. Depende de cada um de nós ver, compreender e extinguir a causa do conflito e da tristeza dentro de nós mesmos. A compreensão e a visão são o término – ninguém está fazendo isso. A compaixão surgirá por si só quando não houver ninguém (fazendo o sofrimento ou tentando desfazê-lo).

Confiança

> *É possível enfrentar a aparente insegurança da mudança constante e ficar abertos aos pensamentos e sensações que acompanham essa insegurança? Ou nos agarramos à confiança de que tudo permanecerá como queremos?*

Recentemente, diversas pessoas perguntaram-me sobre a questão da confiança – o que queremos dizer com confiança, o que pretendemos ao dizer que confiamos em alguém. Também, qual é o significado de "confiar em si mesmo"?

Quando dizemos e sentimos que podemos confiar em alguém, o que queremos? Sentimos que podemos confiar num contador quando sabemos pelo passado que ele foi honesto, consciencioso e confiável. Significa esperar que a atuação passada continue no futuro sem mudança significativa. Presumimos e prevemos que fatos do passado continuarão a acontecer.

Ou encontramos alguém pela primeira vez e sentimos quase imediatamente que podemos confiar nele ou nela. As nossas experiências e impressões que lembramos do passado com alguém que se parece, fala, se move e age de certo modo nos faz sentir que essa pessoa é de confiança.

Confiar que seu próprio marido, mulher ou namorado será fiel é esperar que a dedicação mútua continue inaltera-

---

Este capítulo foi escrito para a *Springwater Center Newsletter* de janeiro de 1989.

da: ele ou ela não nos deixará por outra pessoa. Presumimos que o lembrado, sentido e prometido no passado também será assim no futuro. Nesse sentido, confiar significa prever com certa segurança que as coisas continuarão a ser da maneira como esperamos e queremos que elas sejam.

Evidentemente, talvez erremos sobre nosso conhecimento sobre o passado – é possível que simplesmente não soubemos da desonestidade do contador ou de nosso parceiro e que baseamos nossa confiança em ideias e premissas falsas. Assim, a confiança não está necessariamente baseada em fatos. Normalmente, ela se baseia na memória e no desejo projetado – a esperança de que aquilo que se sabe ou se acredita continuará imutável no futuro.

Essa confiança, embasada em memória, crença, promessa e esperança, é facilmente, mas dolorosamente, traída quando entramos em contato com fatos reais, passados ou presentes. Aquilo de que podemos ter tanta certeza em nossos sentimentos em relação a uma determinada pessoa pode não ser absolutamente verdadeiro. Ou, então, a pessoa que acreditávamos conhecer e em quem confiávamos mudou repentinamente. Nossos estados de humor, gostos e desgostos, entusiasmos e envolvimentos mudam mesmo.

Então, é possível perceber a necessidade de olhar e escutar diretamente, atentamente, *neste exato momento*, sem a interferência automática das ilusões e dos desejos projetados? Talvez apreciemos a segurança da confiança baseada em experiências passadas e previsões futuras, mas isso não pode alterar a realidade da proximidade e novidade da percepção aberta *agora*.

As coisas dentro de nós e à nossa volta mudam o tempo inteiro. É possível tomar consciência disso sem medo? É possível enfrentar a aparente insegurança da mudança constante e ficar abertos aos pensamentos e sensações que acompanham essa insegurança? Ou nos agarramos à confiança de que tudo permanecerá como queremos? A confiança cega não é aberta. Não pode ver. Sua segurança é ilusória. Não pode, possivelmente, ser um substituto de estar desperto e alerta neste exato momento!

Ao dizer isso, não se defende a obrigação de sermos desconfiados ou de levantarmos suspeita. A suspeita e a desconfiança estão baseadas em lembranças e ideias, tanto conscientes quanto inconscientes. Talvez tenhamos sido desapontados e traídos em nossas expectativas tantas vezes e de maneira tão dolorosa que haja um grande medo de sermos magoados novamente. Desconfiança é retração por medo de ser magoado, não é? É possível olhar para isso cuidadosamente enquanto surge? É possível enfrentar e explorar o medo da mágoa e o desejo de nos retrairmos dentro de uma carapaça protetora? O que protegemos? O que fica magoado? Questionamos tudo isso?

Com frequência, as pessoas dizem que precisam de um ambiente – terapêutico ou outro – em que possam ter confiança, para que possam se abrir para seus sentimentos e sensações mais profundas. Gostaríamos de confiar que, ao explorar e comunicar honestamente e profundamente sobre nós mesmos com outros, não seremos usados, ridicularizados, humilhados ou magoados de outro modo pelo terapeuta, pelo professor ou por membros do grupo onde essa exploração ocorre. Podemos olhar para isso mais detalhadamente?

Olhar para dentro de nós mesmos, ficarmos de frente com sentimentos profundos de ansiedade, raiva, ódio, violência, inveja e culpa, cria medo e dor, independentemente de fazermos isso de maneira solitária ou com outros. Gera medo e dor porque descobrimos de primeira mão que não somos o que gostaríamos de ser ou pensávamos ser. *Não somos as imagens ideais* que nos foram inculcadas na mente e no corpo por pais, educadores, professores de religião e outros modelos. Não somos personagens ideais, independentemente de quanto estivermos apegados e identificados com imagens ideais sobre nós mesmos.

Todos nós somos constituídos do mesmo fundo comum de reações e emoções condicionadas, e todos compartilhamos o mesmo medo e culpa sobre não sermos o que presumimos que deveríamos ser. Num determinado momento, sentimo-nos superiores aos outros, mas, num outro momento, consideramo-nos totalmente inferiores a todas as outras pessoas. Queremos sentir-nos poderosos e importantes e, ao mesmo tempo, temos medo da fraqueza e da humilhação. Temos medo de estarmos errados e sermos admoestados, e preferiríamos encontrar erros em outra parte e pôr a culpa nos outros. Em alguma parte, todos nós sentimos uma necessidade insaciável de sermos amados incondicionalmente, mas temos grande dificuldade de encontrar esse amor dentro de nós mesmos. De um modo ou de outro, e em maior ou menor grau, tudo isso é verdade para cada um de nós. É possível investigar isso por si mesmo, observando tranquilamente, pacientemente?

Quando observamos de perto, honestamente, percebemos que não somos únicos. Descobrir a verdade sobre nós mesmos é descobrir a verdade sobre os "outros". Quando percebemos quão similares são nossas necessidades, reações e emoções, não teremos mais tanto medo de sermos magoados pelos "outros". A mágoa em nós e a mágoa nos "outros" é a mesma mágoa. Em vez de fugir e evitar a mágoa, é possível senti-la inteiramente, profundamente e compreendê-la com compaixão, por meio da percepção direta? É possível trabalhar sozinhos e juntos dessa maneira?

Você pode perguntar: se duas pessoas se encontram com um profundo sentimento de amizade e abertura entre elas, com boa vontade e interesse compartilhado em alguma coisa, isto não significa que elas *confiam* uma na outra?

Vamos observar novamente: quando há esse encontro na amizade e no interesse compartilhado, esse encontro incondicional, *descrevemos* como "confiança", mas não há necessidade de criar uma *ideia* de "confiança" e de apegar-se a ela.

Tudo está presente quando nos encontramos incondicionalmente, não é? Tudo está presente, do jeito que é, sem carapaças protetoras, sem fuga ou medo. Esse momento está vivo e inteiro. No momento em que eu começar a me defender, a me proteger e a me retrair, o que acontece com a confiança? É possível ver isso? "Confiar" é voltar a deslizar na imaginação e na esperança de segurança, para longe da vivacidade de simplesmente estar presente com o que é, sem qualquer sensação de separação.

Se isto for claramente compreendido, então, o que significa confiar em si mesmo? Às vezes, as pessoas dizem que não se pode confiar em alguém enquanto não se confia em si mesmo. Mas o que é o "si mesmo" em que queremos confiar? É possível fazer esta pergunta e observar livremente as infindáveis manifestações do "eu" – medo, sofrimento, solidão, querer, raiva, ódio, falta de amor e a exigência insaciável de segurança? Isso é o "eu" – o que há para confiar nisso?

Enquanto a noção de "eu" dominar e distorcer a percepção e a reação, ela obstruirá a consciência direta. Existe a exigência de confiança, mas, ao mesmo tempo, a absoluta inabilidade de confiar. A necessidade e a inabilidade de confiar surgem, ambas, do isolamento do "eu".

Somente quando o "eu" se diluir em percepção direta é que o amor poderá surgir por si só. O amor não tem necessidades, não tem medos, não confia nem desconfia. Não está afastado. Não é algo que eu faço. No amor, não há nem "você" nem "eu".

Aborto

> *Quando examinamos todas as nossas motivações de forma cuidadosa e honesta, descobrimos que cada uma delas é egocêntrica, independentemente de tratar-se de ter o bebê ou de fazer um aborto. É possível enfrentar esse fato diretamente, sem fazer julgamentos? É possível expor completamente o egocentrismo em consciência não seletiva?*

Cara Toni,

Questiono meus sentimentos, ideias e imagens a respeito do aborto, já que haverá um setor de aborto no centro em que trabalho.

Minha rigorosa formação católica transmitiu à minha mente inúmeras ideias e imagens com as quais devo lidar. Surgiu o medo de "ir para o inferno" por trabalhar com aborto.

O feto realmente sente dor?

Suponho que uma resposta de sim ou não pode não ser absolutamente correta.

Com frequência, a mulher que precisa e quer fazer um aborto tem de lidar com dor e angústia, especialmente quando lhe é dito que deverá completar a gestação ou que não poderá fazer um aborto.

Sei que preciso trabalhar esses medos e imagens. Você tem alguma sugestão?

Este capítulo contém trechos editados de uma carta endereçada a Toni em abril de 1986 e a resposta dela.

Cara ,

Você pergunta: "O feto realmente sente dor?"

Por que essa pergunta é feita? Ela surge de sua própria ansiedade e culpa sobre causar dor a outra pessoa? E de não querer sentir essa angústia?

Por que se pensa no feto em termos de algo separado? Não é parte integral do ser total da mãe, que não é separada de todos os seres humanos?

Se a mãe sofrer de dor – física ou mental –, isso não afeta todo o seu ser, que inclui o feto em seu útero? E se houver disfunção ou trauma no feto, isso não afetará o organismo da mãe e, por sua vez, todos que se relacionam com ela e por meio dela?

Por que consideramos qualquer coisa de forma separada?

Nós, seres humanos, estamos completamente condicionados e treinados em pensar em compartimentos separados, focalizando a atenção numa coisa pela exclusão de todo o resto. Podemos ter ideias veementes sobre o direito do feto de continuar sua vida dentro e fora do útero e, ainda assim, ignorar completamente o fato de que doutrinamos nossos filhos, ou permitir que sejam doutrinados, para matar e serem mortos por causas patrióticas, ideológicas ou religiosas.

Nossa preocupação pelos seres humanos, nascidos ou por nascer, é amplamente motivada pelas ideias que herdamos e acumulamos sobre o significado e o propósito da vida. Interpretamos essas ideias em termos absolutos e, no entanto, elas variam largamente de uma época a outra e de uma cultura a outra.

Em muitos países pobres da modernidade, ainda prevalece o costume segundo o qual os filhos cuidarão dos pais quando envelhecerem. Ter muitos filhos constitui a única seguridade social. Abortar filhos seria um absurdo.

Na China atual, o governo tenta pôr um freio na superpopulação ao limitar cada família a apenas um filho. Ter mais de um filho é um ato punível. O aborto é uma das maneiras de restringir a população.

Na Alemanha de Hitler, até as mulheres solteiras eram encorajadas a procriar. "Dê um filho ao Führer!" era o slogan. Deveria haver um fornecimento sempre crescente de seres humanos para guarnecer de soldados as marchas de conquista dos outros países e para dar conta de sustentar sua ocupação.

Muitas organizações religiosas condenam o aborto. É por causa das ideias sobre a sacralidade da vida dada por Deus e o medo de transgredir a vontade de Deus? Há também motivos políticos envolvidos?

Neste país, o aborto tornou-se um poderoso problema político. Como tal, pode ser usado para angariar poder meramente pelo poder. A identificação com um problema político facilita a vitória do fanatismo. Inevitavelmente, segue-se violência, numa forma ou outra. O aborto é rotulado de "assassinato". Clínicas de aborto são alvo de bombas, e as vidas das pessoas envolvidas na realização de abortos são ameaçadas. Em qualquer conflito ou luta, seja religiosa ou política, não é possível haver amor. O amor é eliminado quando lutamos pelo direito de viver.

É possível perceber como nossos profundos apegos a ideias e crenças afetam nossas relações, causando conflitos e contradições dentro de nós mesmos e com os outros? Como pode haver cuidado amoroso por outro ser humano enquanto a mente funcionar de acordo com pensamentos rotineiros herdados, ou recentemente adotados, dos quais sequer temos consciência? É possível questionar abertamente e trazer à luz, sem medo, todas as nossas crenças e ideias?

Assim, ao encontrar-se e trabalhar junto de mulheres grávidas angustiadas com a questão de abortar ou manter o bebê, é possível você questionar nossas ideias e crenças juntamente com as ameaças de punição e as promessas de recompensa com as quais são conectadas? É possível colocar de lado os preconceitos descobertos, para que se possa começar a pensar objetivamente e amplamente sobre o que ter um bebê ou fazer um aborto implica?

Ao discutir e observar conjuntamente, estamos obcecados por encontrar uma solução para o problema? Esse é o modo como normalmente lidamos com todos os nossos problemas. Tentamos equacioná-los ao pensar e repensar, retomando sempre as mesmas coisas: se o feto é vida consciente, se ele sente dor, se a pessoa vai para o inferno, se a culpa ou a tristeza da perda será demasiada.

Essa busca frenética por uma resposta é o frenesi do "eu", desesperado para encontrar a melhor solução para si mesmo. Quando examinamos todas as nossas motivações de forma cuidadosa e honesta, descobrimos que cada uma delas é egocêntrica, independentemente de tratar-se de ter o bebê ou de fazer um aborto. É possível enfrentar esse fato diretamente, sem fazer julgamentos? É possível expor completamente o egocentrismo em consciência não seletiva?

É humanamente possível olhar para um problema sem a interferência do "eu"? É possível observar sem crenças arraigadas, sem temer por si mesmo ou desejar alguma coisa para si? É possível começar logo neste instante?

Dar à luz uma criança – isso não envolve uma responsabilidade enorme de cuidar bem dela, de educá-la de maneira saudável e sensata, sem impor inconscientemente a essa jovem vida todas as confusões, ilusões e violências que se manifestam dentro de nós mesmos? Existe o tempo, a paciência e o amor necessário para crescer juntos, questionando, observando e agindo livremente, independentemente de punições e recompensas? Estamos dispostos a consagrar toda nossa vida a isso?

Ao conversar com alguém, percebemos quão pouco podemos saber realmente? Quantas incertezas temos? Como nosso anseio por um "eu" seguro eventualmente se frustra e é derrotado?

É possível que todos os medos, as dores e dúvidas que acompanham esse trabalho compartilhado possam ser sentidos e observados conjuntamente sem recorrer a qualquer fuga?

Medo da morte

*O que é esse medo da morte pessoal que nos atormenta?
É possível permitir que ele se desenvolva e se revele na quietude
do questionamento-escuta, independentemente de quão forte
for o ímpeto de fugir?*

Cara Toni,

Escrevo porque recentemente entrei em contato com um grande medo. Após assistir a um workshop sobre os problemas psicológicos da era nuclear, o filme *The Day After** foi exibido na televisão. Ajudei a organizar uma reunião comunitária em meu bairro para partilhar os sentimentos despertados pelo filme. De repente, todos esses horríveis incidentes militares e políticos tornaram-se reais para mim. Como se uma cortina se abrisse, repentinamente vi como este mundo é terrivelmente perigoso! Fui tomada por um medo quase paralisante. O trabalho é a única coisa que realmente desvia minha mente disso. Realizo a prática do sentar, e isso ajuda, mas, mesmo então, encontro um pânico terrível. Sinto uma necessidade muito mais forte de saber quem sou, achando que, se eu descobrisse, não teria tanto medo de morrer.

Surpreendo-me elaborando rotas de fuga, e até pensando: "Isto só está acontecendo para forçar-me a levar meu

---

Este capítulo contém uma carta endereçada a Toni em abril de 1984, bem como a resposta dela.
* Filme sobre os efeitos de uma devastação nuclear em uma pequena cidade do Kansas. (*N. do R. T.*)

trabalho zen a sério! Eles não *podem* dispor-se a isto." Sinto-me congelada e, então, sinto uma grande dor quando deixo alguma beleza da vida entrar. Gostaria que o medo fosse embora e temo deixá-lo de lado, temo voltar a adormecer.

Percebo parcialmente que posso morrer mais cedo do que esperava. Sei que isso relaciona-se a meu medo da morte. (É diferente do pânico que sinto ao recordar cenas de bombas explodindo.) Simplesmente, ainda não quero parar de viver!

Não sei o que pergunto aqui – certamente, não espero ouvir que tudo ficará bem. Tenho escutado algumas de suas gravações e gostaria de receber uma carta.

Cara _____,

Deparamo-nos com uma boa dose de medo: medo paralisante e pânico ao pensamento de bombas nucleares explodindo, bem como um tipo diferente de medo da própria morte. Não gostamos desses medos e queremos que eles desapareçam. Contudo, temos medo de que, caso eles desapareçam, nós voltemos a adormecer. O medo pode compelir-nos a sentar e questionar mais intensamente, e esperamos que isso seja uma saída.

Nossa reação habitual ao medo é tentar livrar-nos dele. Em vez disso, é possível enfrentá-lo diretamente, inteiramente e descobrir a raiz de sua causa? Somente ao enfrentá-lo imediatamente, compreendê-lo inteiramente, perceber que *somos* medo, é que ele perde seu poder avassalador sobre nossas vidas.

É possível haver completa quietude na plena presença do medo, prestando atenção silenciosamente, sem se mexer, enquanto ele surge e se desenvolve? Ficar em completo silêncio implica não querer quaisquer resultados recompensadores dessa quietude – simplesmente escutando o que realmente acontece, sem bloqueios, julgamentos ou expectativas de melhores estados no futuro. É possível fazer isso?

O que é o medo? É possível observarmos a totalidade do processo?

No instante em que vemos algo que ameaça nossa sobrevivência, fortes reações fisiológicas acontecem em todo o organismo: a energia aumenta, o batimento cardíaco acelera, o estômago se fecha, o intestino se agita, os músculos flectem, os sentidos ficam limitados. Nossos instintos animais herdados, programados no cérebro, preparam o corpo para fugir, atacar ou congelar.

Quando um perigo físico real está presente e podemos realmente correr, a energia mobilizada serve a seu propósito; a exigência de ação instantânea está justificada. Fugir de uma árvore que cai é uma reação adequada. Ver e correr são uma ação completa.

Contudo, o que mais nos assusta, na maior parte do tempo, não é um perigo imediato, mas a preocupação sobre nossa existência física e psicológica: *pensamentos* sobre o que *pode* acontecer conosco no *futuro*. Esses pensamentos originam-se da recordação de experiências dolorosas ou apavorantes passadas, algo que vivenciamos pessoalmente ou apenas ouvimos – livros, noticiários, filmes e assim por diante.

Pensamentos sobre perigos passados e futuros desencadeiam as mesmas reações físicas de medo que os perigos reais presentes fazem, só que não executamos o que fomos fisicamente programados para fazer: não nos levantamos e saímos correndo. Apenas continuamos a pensar, a imaginar e a nos emocionar: "O que vai acontecer comigo? Como será? Será um desastre! O que farei? Vou morrer?" A cada novo pensamento e imagem aparecem mais sintomas físicos que, por sua vez, criam reações mentais adicionais: "Não gosto desta ansiedade. Está se tornando insuportável. Quero que isto pare. Como posso sair desta?" A própria verbalização de nossas condições gera aflição. Querer livrar-se da aflição cria conflito e separação, que, por sua vez, criam mais tensão e aflição.

Você percebe os efeitos em avalanche do pensamento em todo esse corpo-mente? Você pode ver e sentir isso diretamente enquanto realmente acontece? Ou você tenta fugir disso?

Ficar absorto em trabalho, em movimentos políticos ou sociais, em diversões, esportes, bebida, sexo ou buscas religiosas pode temporariamente afastar a mente dos pensamentos assustadores e do incômodo físico, mas não pode trazer liberdade interior. A fuga não extingue o medo. Ele é temporariamente subjugado. Mais cedo ou mais tarde os pensamentos voltam a ameaçar – as bombas, ou seja lá o que for –, o medo retorna à superfície, e todo o processo volta a se desencadear.

Pensar sobre um perigo do qual não há nenhuma forma de fugir – como um holocausto nuclear global – não deixa sequer que pensemos em qualquer refúgio imaginário para onde possamos correr. Muito embora todos os sistemas internos que herdamos digam CORRA!, a energia mobilizada não pode ser descarregada. Somente o pensar confuso prossegue, resultando em estados de pânico ou paralisia.

É possível perceber que pensamentos sobre o passado, presente e futuro são a causa do medo? É possível ver que "passado", "presente" e "futuro" são, eles próprios, pensamentos?

Sem lembranças de mim mesma no passado e projeções de mim mesma no futuro não há medo! Meu "eu" é um pensamento também – na verdade, uma coleção de diferentes ideias, identificações e imagens (com suas emoções, motivações e objetivos correlatos) acumuladas no decorrer de todo o passado. Temem os por essas imagens, tememos que a bela história de nossa vida pessoal chegue a um término prematuro, infeliz. Observe, questione – veja por si mesma. Há medo sem as lembranças de eventos passados e antecipações de perigos futuros? Há somente o que *realmente* acontece, neste exato instante. Pode ser perigo imediato e ação instantânea, mas não há problema nisso.

O que é esse medo da morte pessoal que nos atormenta? É possível permitir que ele se desenvolva e se revele na quietude do questionamento-escuta, independentemente de quão forte for o ímpeto de fugir?

O que é morte pessoal?

Formulemos esta pergunta e façamos uma pausa para olhar para dentro: a morte pessoal não é um conceito? Não há uma série de pensamentos e imagens passando pelo cérebro? Essas cenas de morte pessoal acontecem unicamente na imaginação e, mesmo assim, desencadeiam grande aflição mental e física – pensar nos apegos cultivados e seu término repentino, irreversível.

De forma similar, se há "dor quando deixo alguma beleza da vida entrar", essa dor não é o resultado de pensar "Não vou mais estar aqui para admirar esta beleza? Ou "*Ninguém* vai estar aqui e não vai sobrar nenhuma beleza para ser admirada caso haja uma devastação nuclear total".

Sem considerar a tragédia horrenda da guerra humana, por que há este medo de "eu" não continuar? É porque não percebo que todo o meu medo e temor surgem por uma imagem? Porque eu realmente acredito que esta imagem sou eu mesma?

No meio deste vasto, incomensurável fluxo de vida que sempre muda, morre e se renova, o cérebro humano está incessantemente engajado em obter para si um estado de permanência e certeza. Por termos a capacidade de pensar e formar imagens de nós mesmos, de lembrá-las e ficarmos profundamente apegados a elas, assumimos esse mundo de imagens e ideias como sendo real. Acreditamos plenamente na realidade da bela história de nossa vida pessoal. Estamos totalmente identificados com ela e queremos que continue para sempre. A própria ideia de "sempre" é uma invenção do cérebro humano. Para sempre é um sonho.

Questionando além de todos os pensamentos, imagens, lembranças e crenças, questionando profundamente na total escuridão do não saber, podemos chegar repentinamente à compreensão de que não somos absolutamente nada – nada –, que tudo aquilo em que estivemos agarrando-nos são imagens e sonhos. Ser nada é ser tudo. É inteireza. Compaixão. É o fim da separação, do medo e da tristeza.

Há dor quando ninguém está aí para se agarrar?

Há beleza quando não há "eu".

Vivendo juntos

> *É possível nós, seres humanos, compartilharmos a vida na Terra juntos, sem tentar possuir uns aos outros ou tentar livrar-nos uns dos outros?*

Nós, seres humanos, queremos viver felizes, em segurança e com amor, mas, a despeito disso ser nosso empenho constante, não sabemos realmente como alcançá-lo.

Pensamos, sonhamos e falamos sobre felicidade e segurança. Também falamos e sonhamos sobre o amor – o imaginamos, ansiamos por ele, rezamos por ele, o prometemos uns aos outros e o perseguimos arduamente. Contudo, felicidade, segurança e amor genuínos não são produtos de nada. Não podem ser criados intencionalmente. Não podem ser possuídos. E quando são sonhos e ideias, não são genuínos. Eles chegam sem convite quando a mente encontra-se quieta e aberta, sem estar engajada nos movimentos conflitantes do egocentrismo. Eles surgem inesperadamente quando a mente não está carente ou com medo e, portanto, não persegue qualquer coisa.

Pode-se pensar: "Por que estamos infelizes, inseguros e sem amor?"

É possível começarmos a questionar e prestar atenção cuidadosamente, imparcialmente, em nossa vida conjunta

---

Este capítulo foi escrito para a *Springwater Center Newsletter* de outubro de 1988.

de cada instante, em casa, no trabalho ou em qualquer parte em que estejamos? É possível que haja a novidade do questionamento, da descoberta, da compreensão e do carinho uns pelos outros?

Descobrir, compreender e ter carinho não surgem numa mente que se encontra fechada em ideias fixas sobre si mesma e outros. Ao vivermos juntos, é possível que haja abertura e interesse genuíno em qualquer coisa que surja em ambos, você e eu, *neste* momento – independentemente de ser desejo e saudade, preconceito e medo, ternura ou tensão, raiva ou prazer, desentendimento, solidão, rejeição, bloqueio, uma sensação de isolamento, ou qualquer outra coisa?

É possível que haja um interesse sempre mais profundo em explorar diretamente aquilo que move e incita todos nós no nível consciente e inconsciente? É possível estarmos diretamente conscientes do que está acontecendo dentro de nós e entre nós, não apenas superficialmente, mas profundamente?

É possível estar em contato sempre novo e íntimo com todos os vários e complexos pensamentos e emoções dentro de nós mesmos e do "outro", sem rotular nada como algo ruim ou bom? Nada de rótulos! Temos consciência de quão instantaneamente surge o julgamento? É possível ver isso sem condenar nem aceitar?

Duas pessoas vivendo juntas: é possível nos encontrarmos de forma nova a cada novo dia, sem nos agarrarmos à lembrança do que aconteceu ontem, anos atrás ou apenas um momento atrás?

Cada instante da vida é novo e fresco. É possível realmente percebermos a verdade disso e viver assim, ou ficaremos presos para sempre à sucessão infindável de lembranças prazerosas e dolorosas? Claramente, essa bagagem pode ser abandonada! É possível que isso aconteça neste instante, ou continuaremos a acalentar lembranças repetidamente?

É possível estarmos um com o outro sem a influência pesada de velhas imagens, muito embora tenhamos juntado imagens de nós mesmos e do outro durante toda uma vida? Estamos conscientes de como essas imagens colorem e distorcem nossas percepções um do outro? Como elas realmente nos impedem de perceber qualquer coisa com precisão neste instante? Se compreendermos isso claramente, é possível olhar de novo com cuidado – com carinho –, como se fosse pela primeiríssima vez?

É possível olharmos um para o outro e escutarmos um ao outro de uma maneira inteiramente nova, sem o ímpeto habitual de corrigirmos ou mudarmos um ao outro de acordo com nossos gostos? É possível descobrirmos novamente o que realmente acontece neste instante e reagirmos a partir da clareza, em vez de partirmos de ideias?

Há tantas questões... Estamos apenas lendo-as casualmente, com pressa, ou é possível realmente fazer uma pausa tranquila para refletir e observar isso tudo profundamente?

Este universo é espaço infinito. Pode haver espaço para deixar ser o que acontece neste instante, sem uma reação imediata? Apenas a quietude da consciência sem imediatamente saber e encontrar defeitos? Assim que o mecanismo de encontrar defeitos se põe em movimento, a raiva, o ressentimento e a culpa cercam e nublam a mente, e nada pode ser visto verdadeiramente.

O que significa vermos um ao outro exatamente como somos? Lembranças passadas sobre nós mesmos e sobre o outro *não* são o que somos exatamente agora. A lembrança é um registro incompleto e impreciso do passado. O agora é algo completamente diferente. Olhar e escutar tranquilamente *agora* não é lembrança. É um modo inteiramente diferente da mente. Trata-se de limpar a percepção.

Outro dia, o pequeno córrego perto do centro descia ruidosamente o morro, sendo que grandes quantidades de água lamacenta escondiam sua profundidade. Hoje, está fluindo tranquilamente, límpido, expondo camadas de pedras de fundo verde que brilham luminosas.

É possível vermos as coisas exatamente como elas são neste instante preciso? Sem querer que elas sejam diferentes? Sem compará-las de modo favorável ou desfavorável? Sem querer que elas permaneçam deste jeito para sempre? Sem agarrar-se a elas e depender delas? Sem querer possuí-las?

É possível nós, seres humanos, compartilharmos a vida na Terra juntos, sem tentar possuir uns aos outros ou tentar livrar-nos uns dos outros? A ideia de possuir uns aos outros nos dá o sentido ilusório de segurança. Junto a isso, inevitavelmente, há o medo de perder aquilo com o que nos acostumamos e a que nos apegamos.

Com a perda do outro – real ou imaginada –, vem a dor da aflição de sentir-se desamparado, abandonado, perdido e com pena de si mesmo. Junto à ideia de perder alguém para outra pessoa vêm a agonia do ciúme, a raiva, o ódio e a violência. Podemos verificar isso tudo plenamente por nós mesmos. Podemos agarrar-nos um ao outro por medo de perder um ao outro, mas possuir alguém não tem nada a ver com amor. A posse causa orgulho, bem como medo, dependência e pesar. O amor não conhece medo nem dependência. Não tem posses nem apegos. O amor não tem pesar.

Quando observamos as árvores no céu da tarde, seus troncos e seus ramos brilhando com a luz dourada do sol que se põe, os sons suaves dos insetos e dos pássaros, um avião distante riscando o céu, a fragrância do ar da noite e o rumorejar vivo das folhas cheias de movimento, tudo oscilando, zunindo e reluzindo simultaneamente na brisa, as nuvens deslocando-se rapidamente, com suas formas que mudam constantemente e suas cores que desaparecem e reaparecem do nada... não há nada separado e nada obstruindo neste movimento total de vida. Há espaço para que tudo aconteça livremente, nada domina sobre qualquer outra coisa, embora tudo esteja inseparavelmente ligado com tudo mais. Tudo *é* tudo mais!

Esse todo completo, inseparável, nunca permanece o mesmo de um instante ao outro e, não obstante, cada momento é totalmente suficiente, inteiro e sem conflito.

Nós não estamos separados disso tudo! Não há um movimento separado de "eu" e "meu" a não ser no pensamento-sensação e na lembrança.

Perceber profundamente a beleza disso é amor, alegria e o fim da insegurança.

Este livro foi composto na tipologia Adobe Garamond Pro,
em corpo 12/15,3, impresso em papel off-white 80g/m²,
no Sistema Cameron da Divisão Gráfica
da Distribuidora Record.